Gabriel García Márquez
马尔克斯传

[英] 史蒂芬·哈特 著　　田明刚　宋亚杰 译

中国友谊出版公司

图书在版编目（CIP）数据

马尔克斯传 /（英）史蒂芬·哈特著；田明刚，宋亚杰译. -- 北京：中国友谊出版公司，2024.6
ISBN 978-7-5057-5824-7

Ⅰ. ①马… Ⅱ. ①史… ②田… ③宋… Ⅲ. ①加西亚·马尔克斯（Garcia Marquez，Gabriel 1928-2014）-传记 Ⅳ. ①K837.755.6

中国国家版本馆CIP数据核字（2024）第010161号

著作权合同登记号 图字：01-2024-2365

书名 马尔克斯传
作者 ［英］史蒂芬·哈特
译者 田明刚 宋亚杰
出版 中国友谊出版公司
发行 中国友谊出版公司
经销 新华书店
印刷 北京通州皇家印刷厂
规格 880 毫米 ×1230 毫米 32 开
8.5 印张 165 千字
版次 2024 年 6 月第 1 版
印次 2024 年 6 月第 1 次印刷
书号 ISBN 978-7-5057-5824-7
定价 59.00 元
地址 北京市朝阳区西坝河南里 17 号楼
邮编 100028
电话 （010）64678009

如发现图书质量问题，可联系调换。质量投诉电话：（010）59799930-601

致丹尼尔，感谢您的包容

目 录

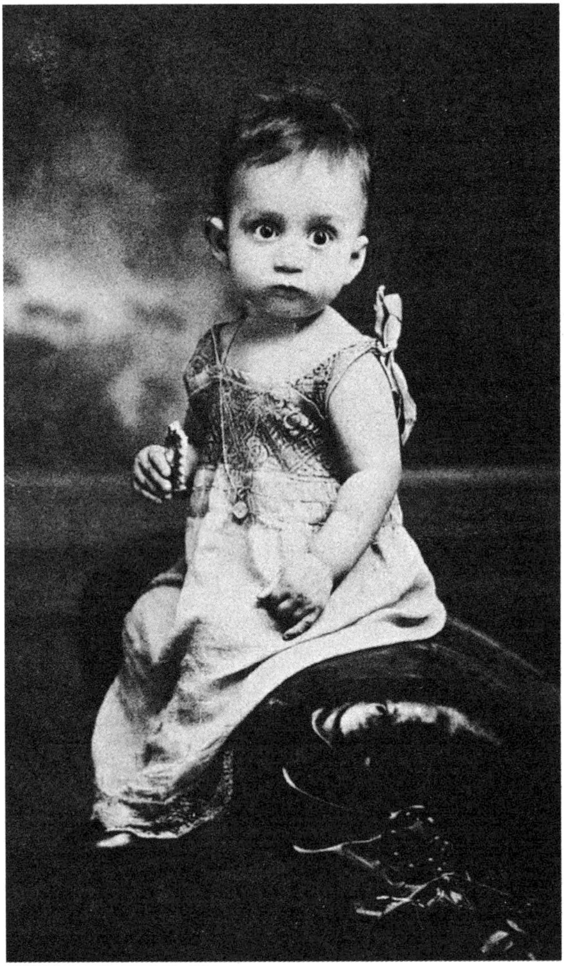

满一周岁的马尔克斯

第一章

“他再也下不了棋了”[1]

1927 年 3 月 6 日早上 9 时[2]，在狂风暴雨声中，加夫列尔·以利吉奥·加西亚（Gabriel Eligio García）和路易莎·桑地亚加·马尔克斯·伊瓜兰（Luisa Santiaga Márquez Iguarán）的儿子加夫列尔·何塞·加西亚·马尔克斯（Gabriel José García Márquez）降生在哥伦比亚的一个小镇。小镇名为阿拉卡塔卡（Aracataca），由两个美洲印第安语单词“ara”（河流）和“cataca”（酋长）组合而成。

夫妻二人在 1926 年 6 月 11 日结婚[3]，尽管路易莎的父母反对这桩婚事。他们的儿子出生时脐带绕颈，重达 4.2 千克，据说这也是加西亚·马尔克斯晚年患上幽闭恐惧症的原因。[4] 有人用朗姆酒给孩子擦身，用洗礼水为他祈福，以防再次发生不幸。年轻时，加西亚·马尔克斯被亲切地称为加比托，他在婴儿时就被送到外祖父尼古拉斯·马尔克斯·梅希亚（Nicolás

---

本书页面下方的脚注为译者注，每章后的尾注为作者注。

婚前的路易莎·桑地亚加·马尔克斯·伊瓜兰（1905—2002）

Márquez Mejía）上校和外祖母特兰基利娜·伊瓜兰·科特斯（Tranquilina Iguarán Cotes）处抚养，而他的父母因为经济拮据，只好去沿海城镇里奥阿查市生活。加夫列尔·以利吉奥和路易莎·桑地亚加后来又生了10个孩子[5]，他们将加比托留在了外祖父家，那里的生活最为舒适。加比托三岁半时，妹妹玛格丽特（昵称玛戈特）也搬来与他们同住。[6]1930年7月27日，加夫列尔·加西亚·马尔克斯在当地教堂接受了神父安加里塔（Angarita）的洗礼。[7]神父因一年前在众议院宣读一封信而闻名，信中谴责了1928年12月香蕉大屠杀期间，军队在阿拉卡塔卡的暴行。[8]

外祖父母居住的房子里充满了鬼怪故事，这对幼小的马尔克斯产生了极大的影响。他在接受普利尼奥·阿普莱约·门多萨（Plinio Apuleyo Mendoza）的采访时说：

> 我最持久、最生动的记忆并不是阿拉卡塔卡的人，而是我们在小镇的那所房子。在我生命里的每一天，醒来时感觉亦真亦幻，都会觉得身处那所房子里。这个感觉直到现在还反复出现。并不是说我回到过那里，而是说无论我在什么年纪、也没有什么特别的理由，我一直就在那里，仿佛我从未离开过。[9]

外祖父母的房子是马尔克斯作品中反复出现的主题——起初，他为自己的小说取名为《房子》（*La casa*）。该小说的初稿

加夫列尔·以利吉奥和路易莎·桑地亚加在圣玛尔塔的婚礼。拍摄于1926年6月11日

为《百年孤独》（*Cien años de soledad*）提供了灵感，让他在40岁出头就名声大噪。

屋里的蜡烛会燃烧一整夜，小加博睡在吊床上，而吊床就放在家里真人大小的圣像旁。这些圣像让加博感到害怕，总觉得他们盯着自己。[10]更糟糕的是，外祖母说，她的妹妹佩特娜·柯特（Petra Cotes）很多年前死在这所房子的一间卧室里。外祖母、弗朗西斯卡（Francisca，外祖父的表妹）以及温弗丽达（Wenefrida，外祖父的姐姐）经常坐在种满秋海棠的走廊上谈论女巫、鬼魂和哭泣的女人，小加博就在一旁摆弄玩具车，最后总会听到她们以有鬼魂在家里作祟结尾。弗朗西斯卡常对小加博说，如果他再淘气的话，就把他关进死者之家。[11]

就在这所房子里，一个叫安东尼奥·莫拉（Antonio Mora）的委内瑞拉人曾上吊自杀。数年后，人们还能在房子里听到鬼魂的咳嗽声。马尔克斯回忆说，他小时候曾在房子里寻找一只兔子（可能是他早期绘画中的一只兔子），[12]他在厕所看到了坐在马桶上的鬼魂，他第一眼就知道那是鬼魂，因为它有着“漂亮的黑人牙齿”。[13]马尔克斯至今都还在做噩梦，他说这些梦可以追溯到他在外祖父家度过的童年；直到今天，他仍然要开着灯入睡。[14]

外祖父家的后面矗立着一棵巨大的栗子树，它在《百年孤独》中扮演着重要的角色，何塞·阿尔卡蒂奥·布恩迪亚就被捆绑在这棵树上。还有一棵番石榴树，外祖母会采摘果实，做成糖果后，再卖给邻居。番石榴的味道能让马尔克斯想起童

阿拉卡塔卡外祖父家的仆人的住所

年和加勒比海——这也解释了为什么作为马尔克斯最好的朋友，普利尼奥·阿普莱约·门多萨给他的采访集取名为《番石榴飘香》。

1987 年，哥伦比亚评论家胡安·古斯塔沃·科博·博尔达（Juan Gustavo Cobo Borda）参观这所房子时，地板上仅剩下一堆罐头，中间放着一只废弃的旧鞋子、一个箱子，还有一把孤零零的椅子。当时的管理人玛丽亚·梅贾·布罗切罗（María Mejía Brochero）说，他们计划“很快”把房子改造成博物馆，但是，正如科博·博尔达所了解的那样，“很快”在加勒比海地区是一个相当有弹性的词语，可能意味着“一年”甚至“一个世纪”。[15] 我在 2009 年 2 月参观过这所房子，它已按照最初的计划完全重建了。

作为加西亚·马尔克斯的官方传记作者，杰拉德·马丁（Gerald Martin）生动地描述了外祖母特兰基利娜的形象：

> 特兰基利娜总是戴孝或半戴孝，游走在歇斯底里的边缘，她一天到晚在房子里“飘来飘去”，唱着歌，总是试图表现出一种平静、从容不迫的样子，但也时刻警惕着要保护自己照料的人，使他们免受无处不在的危险威胁：受折磨的灵魂（“快让孩子们上床”）、黑蝴蝶（“把孩子们藏起来，有人快要死了”）、葬礼（“把孩子们叫起来，不然他们也会死去”）。[16]

阿拉卡塔卡的房子带有一个露台花园，外祖母特兰基利娜常常在那种玫瑰花，为孩子们做有益健康的玫瑰水喝。[17] 玛格丽特记得外祖母非常迷信：

> 房子里有一个巨大的花园，里面有一个小喷泉，经常有青蛙聚集在那儿……晚上，当我们听到青蛙呱呱叫时，外祖母会说："那准是个巫婆。尼古拉斯在外边搞女人，那女人把巫婆搞到我这里来了。"我们的外祖父会去工作间，把钳子烧得特别红，然后用钳子捉住可怜的青蛙，杀死它们。[18]

有趣的是，这个故事说明特兰基利娜绝非单纯迷信，她知道自己的丈夫与别的女人有染才会这样说（后面会讲到），这种情况下，她借用迷信间接斥责丈夫的不忠。同样也说明外祖母的斥责击中了要害，所以外祖父才会杀死冒犯的"女巫"，实际上他也是在为自己的不忠赎罪。这是用迷信的语言来进行的一个仪式。

马丁这样描述加西亚·马尔克斯的外祖父："加比托出生时他 63 岁，长得很像欧洲人，跟他妻子一样矮胖，中等身材，前额宽阔，秃顶，蓄着浓密的小胡子。他戴着一副金丝边眼镜，那时因患有青光眼，右眼失明了。平日里，他会穿着一尘不染的白色热带西服，戴着一顶巴拿马草帽，系着色彩鲜艳的背带。"[19] 小加博深受外祖父的喜爱，快被宠坏了，无论他想要什么，都会被满足。外祖父会带着他到家对面的店铺一一购买，加博就像是“家里的小王子”一样。[20]

我们可以推测，正是在这期间，年幼的加比托第一次意识到外祖父的大家庭中有私生子。显然，生活里的一些情节为后来的魔幻现实主义风格奠定了基础，比如到马路对面的联合水果公司商铺里摸冰，外祖父经常讲述的“千日战争”①，还有外祖母的那些鬼怪故事。但是，我认为，还有一个更深层次的因素为马尔克斯早期和后期的小说奠定了根基，那就是外祖父的双重生活。外祖父在“千日战争”中做出过杰出的贡献，他是阿拉卡塔卡的镇长和财务主管，还是阿拉卡塔卡精英阶层中富有且正直的一员；但是他也生下了 9 至 19 个（可能是 12 个）私生子。[21] 外祖父这些矛盾的形象对加西亚·马尔克斯的作品产生了至关重要的影响。事实上，婚外家庭是合法家庭的重影（更像是镜像，两个家庭都有最大的和最小的孩子），破坏了合法家庭的合法性。在哥伦比亚，私生子叫作“自然的孩子”（un hijo / una hija natural），它的自然性破坏了合法家庭的文化建构。显然，婚外家庭最重要的隐喻之一就是它的神秘。“自然的孩子”在定义上逃离了现代社会中对身份理性、经验参数的理解——私生子通常不受洗礼，有时也不随父姓。因此，他们

---

① 千日战争是哥伦比亚于 1899 年至 1902 年间发生的一场内战。这场战争由自由党和保守党之间的政治争斗引起，两个政党在选举中争夺总统职位。战争期间，哥伦比亚政府分裂成两派，发生了大规模的战役、流血事件以及恐怖袭击。英国和美国等国家也干涉了这场战争。最终，政府和叛军于 1902 年签署和平条约，结束了这场长达 1000 天的内战。

活动在社会的边缘，是自然而非父亲造就了他们。所以，尽管加西亚·马尔克斯家族知道尼古拉斯至少有三个私生子没有被认可也没有采取行动，并不足为奇；私生子们不被社会接受，就像阿拉卡塔卡家的鬼魂一样飘荡着。[22] 加西亚·马尔克斯告诉他的哥伦比亚传记作家达索·萨尔迪瓦尔（Dasso Saldívar），外祖父的私生子通常会在圣诞节时来到阿拉卡塔卡，然后特兰基利娜会把他们领进家门。[23]

考虑到非婚生子女在加西亚·马尔克斯后期小说，尤其是《百年孤独》中的重要性，评估拉丁美洲这一社会现象的社会背景至关重要。在拉丁美洲的殖民时期，纳妾和婚外生子这一现象比同时期的欧洲更常见，[24] 以至于被批评家称作"地方病"。[25] 西班牙语中"Barraganía"一词指未婚夫妇自由同居的风俗，这在波哥大殖民时期很普遍。[26] 这种结合下出生的孩子可以随父姓，能够获得合法身份，也有继承权。[27]1885 年，尼古拉斯·马尔克斯上校和特兰基利娜·伊瓜兰在波哥大结了婚，尽管我们没有里奥阿查市当时的数据，但有一些 1892 年附近城市巴兰基亚的数据。教区记录显示，在那一年接受洗礼的孩子中，80.6% 是非婚生子，18.6% 是婚生孩子。[28] 教区记录也显示，那一年，夫妇们在走向圣坛之前已经有子女是很普遍的现象。[29] 可以说，尼古拉斯·马尔克斯在婚前就有私生子并不反常；事实的确如此，与特兰基利娜在圣坛前结婚以前，他已与阿塔葛拉西亚·韦德伯朗奎兹（Altagracia Valdeblánquez）生下了两个孩子。[30] 巴兰基亚的精英有第二个家庭也很常见，通常称之为与情人组建的第二个家庭。[31]

尼古拉斯·马尔克斯上校在巴兰基亚居住过一段时间，他与特兰基利娜有三个合法的孩子（其中一个是加西亚·马尔克斯的母亲路易莎·桑地亚加，另外两个孩子是胡安·德迪奥斯·马尔克斯·伊瓜兰（Juan de Dios Márquez Iguarán）和玛格丽特·米尼阿塔·马尔克斯·伊瓜兰（Margarita Miniata Márquez Iguarán）。他的12个私生子女，只有部分随他姓。[32]很重要的一点是要知道这些文化背景，因为它们反映了当时社会的容忍度。虽然第二个家庭被普遍接受，但是尼古拉斯·马尔克斯上校显然超越了界限，因为他不止有一个情妇，而是多个，并在一生的不同时期跟她们生了孩子。他的私生子女与婚生子女的比例是4∶1（12个私生子女，3个婚生子女），他对跟不同女人生孩子有着不同寻常的兴趣。正如自传中说的那样，幼小的加比托在外祖父的婚外情当中扮演着有趣的角色：

> 我现在才知道，我的外祖母坚持让外祖父在黄昏散步时带着我，因为她确信散步不过是探访情人的借口。可能好几次我都是他的托词，但事实是他从未带我去过散步外的任何地方。然而，我清晰地记得，一天晚上，我正牵着某个人的手经过一处陌生的房子，恰好看见我的外祖父像大老爷那样坐在客厅里。我不理解为什么我的直觉是要为他守住这个秘密。[33]

20 世纪 20 年代和 30 年代，马尔克斯家族生活在阿拉卡塔卡，那里多少有点像美国西部小镇①。联合水果公司在 20 世纪 20 年代末倒闭后，人们失去了工作，这也对在阿拉卡塔卡主街道上招揽生意的妓女造成了直接影响，她们开始争抢客户，彼此拳打脚踢。[34] 镇长决定对这些在街道上打架的妇女处以罚款，就这样竟筹集了足够的资金，在教堂对面的阿拉卡塔卡主广场上建了一个公园。[35]

除了特兰基利娜想象中后花园水池里的“巫婆”，阿拉卡塔卡的房子里还有一个鬼魂，就是外祖父于 1908 年 10 月 19 日在巴兰卡斯的一次决斗中杀死的那个人——梅达多·帕切科·罗梅罗（Medardo Pacheco Romero）。[36] 这让外祖父的晚年充满了悲伤。[37] 萨尔迪瓦尔详述了这场决斗，[38] 一些细节可以在《百年孤独》中找到。比如，尼古拉斯·马尔克斯上校被问是否杀害了梅达多·帕切科·罗梅罗时，他回答说：“是的，如果他仍活着，我还会把他杀死。”在《百年孤独》中，何塞·阿尔卡蒂奥对出现在马孔多房子里普鲁邓希奥·阿基拉尔的鬼魂说过类似的话。[39] 上校的良心为此感到十分沉重，这也影响到了加比托。外祖父对着六七岁的加比托说：“你不知道杀死一个人后我多煎熬。”[40] 耐人寻味的是，数年后的 1952 年 12 月，加西亚·马尔克斯正在拉巴斯的一个小镇上喝酒，一个高大魁梧

---

① 指美国西部开拓时期（19 世纪后半期）那些远离东部城市和政府管辖、充满暴力、缺乏法律和正义的小镇。这些小镇经常发生枪战、抢劫、谋杀等暴力事件，被认为是无序、野蛮和荒凉的地方。

的男人询问他是否认识尼古拉斯·马尔克斯。加西亚·马尔克斯说那是我外祖父，男子回答道：“你的外祖父杀了我的外祖父。”[41] 在最不可思议的时间，过去的鬼魂竟再次出现。这名男子叫作利桑德罗·帕切科（Lisandro Pacheco）。他们把分歧抛诸脑后，为纪念各自死去的外祖父干杯。[42]

外祖父年轻时参加过“千日战争”，小加博深深着迷于外祖父讲述的有关这场战争的故事。正如马尔克斯在回忆录中写的那样，有一次，他看到了外祖父腹股沟附近的枪伤，感到非常惊讶。[43] 一天，五岁的加博告诉外祖父，他在联合水果公司的商店里看到了一些像石头一样的鱼，外祖父解释说那些鱼是冷冻的，它们存放在冰里。于是他带着自己的外孙去了这家店铺，打开冰箱给小加博展示冰的样子。[44] 这件事后来在《百年孤独》中转化成了诗一般的语言。外祖父经常带着他散步，马丁说：“他们喜欢散步，特别是在星期四去邮局，看看有没有上校 20 年前参战的退休金的消息。事实是从来没有，这给小加博留下了深刻的印象。[45] 这一细节在《没有人给他写信的上校》（*El coronel no tiene quien le escriba*）中也有记载。与外祖父母同住让幼小的加比托长成一个成熟的孩子。玛格丽特记得，他不像弟弟路易斯·恩里克（Luis Enrique）那样淘气、叛逆，加博从不踢足球，也不会恶作剧。[46] 正如他的母亲路易莎所言：“加比托总是很成熟，还是个孩子时，他就知道很多，看起来像个小老头。我们会这么称呼他，小老头。”[47] 在生活中，小加博和弟弟妹妹的一个关键性的不同，可能就是他会倾听外祖父的朋友们讲述战争的故事：

> 加比托会黏着外祖父，倾听所有的故事。曾有一位来自西安纳加的朋友来访，他也是参加过“千日战争”的一位老人。和外祖父待在一起时，小加博就坐在这位绅士的旁边聚精会神地听着，但是他们给小加博搬的椅子压住了他的鞋子。他忍受着，一声不吭直到拜访结束，因为他心想：“如果我说了什么，他们肯定就会发现我，然后把我赶出去。”[48]

这位未来的小说家倾听的决心如此坚定，哪怕忍受着极度的不适，也不能错过听故事的巨大乐趣。这里要重点强调的是，加西亚·马尔克斯从小就接触到两种类型的故事——外祖母讲的关于鬼魂的疯狂故事和外祖父与朋友们讲的关于战争的严肃故事，他后来的小说在这两种类型间达成了一种神奇的平衡。正如萨尔迪瓦尔所言：“他的外祖母经常讲述活死人的故事，而外祖父则讲那些真正死去的人的故事。一种是亲密、家庭式的世界观，另一种是宏大、史诗式的世界观。”[49]

孩童时期，加比托印象最深刻的是一个叫唐·埃米利奥（Don Emilio）的比利时人，他在第一次世界大战后拄着拐杖，腿部还有颗子弹，来到了阿拉卡塔卡。唐·埃米利奥是一位才华横溢的珠宝商和橱柜制造商，他会在晚上和上校下棋或打牌，直到有一天他观看了《西线无战事》（*All Quiet on the*

Western Front），回家后吃了一粒氰化物自杀了。[50] 的确，要指出的重要一点是，加西亚 · 马尔克斯说他童年的经历是自己创作的重要素材，以至于他曾在一个采访中戏剧性地说道，自从外祖父死后（在他九岁时），没什么重要的事情发生在他身上。我们可以合乎逻辑地质疑这一点——比如，这意味着加西亚 · 马尔克斯阅读的文学一文不值？但是，真相是他写作中魔幻的一面与外祖母讲述鬼故事的叙述风格相一致。通过阅读卡夫卡，这种叙事风格得到了提升和改善，正如我们发现的那样，现实与魔幻的混合会反复出现在他小说创作的关键时刻。长时间跟外祖父母生活，加比托变得有些孤僻，他经常沉默寡言、沉思苦想，小小年纪便懂得用故事吸引时常一起聊天的大人的关注，这也培养了他准确运用语言的技巧。因此，在得知唐 · 埃米利奥自杀后，他只说了一句话：“他再也下不了棋了（Ya no jugará al ajedrez...）。”[51] 根据马尔克斯自传里的回忆，他的机智受到外祖父的青睐，从而更有动力用故事、机智的评论和巧妙的语言给别人留下深刻的印象。

> 这不过是一个简单的想法，但是外祖父觉得它妙趣横生就讲给了家人。女人们如此热情地重复着这句话，以至于有一段时间我都在躲避来访者，生怕他们对着我说这句话或者强迫我重复。每个人在讲故事时都会添加一些新的细节，直到出现与原版完全不同的版本。这也向我揭示了成年人的性格特征，对我成为一名作家十分有用。[52]

加博小时候刚开始看书时觉得阅读很难，但是，当他突然掌握了语言的秘诀后，他就开始沉迷于阅读、写作还有讲故事了。[53]

加西亚·马尔克斯在自传《活着为了讲述》里刻画了一个有着丰富想象力的小男孩。他记得1935年5月28日，自己看到一个巨大的汽油坦克到达巴兰基亚时的震撼，记得看到飞机迫降后的惊讶以及镇子里所有人被广播吸引的惊讶。[54]有一次，他碰巧看到房子里端着饮料的印第安女佣脱下衣服，惊讶地发现她下面毛茸茸的。他之前从未见过裸体女人。这个画面深深地留在他的脑海中，并凭此塑造了《百年孤独》中的蕾梅黛丝——一个让男人为之神魂颠倒，却又不属于这个世界的女人。[55]《百年孤独》第一章着重表现了先进科技如狂风暴雨般席卷了"欠发达世界"，加西亚·马尔克斯以从容而富有文学性的笔触描述着这种惊讶。他在回忆录中谈到了现代生活对巴兰基亚城镇的冲击，以小说家的视角呈现了一些细节：

> 城里面建立了第一个广播电台；展示水净化的现代式导水管成为旅游点和教学点；一听到消防部门的警笛声和铃声，大人小孩就有要过节的错觉。大约在同一时间，敞篷汽车首次出现，以疯狂的速度在街道上飞驰，又在新铺成的高速公路上摔得粉碎。"La Equitativa"殡仪馆受到死亡幽默的启发，在城市的出口处立了个巨大的牌子，上面写着："悠着点儿，我们在等您。"[56]

这段文字强调的是新旧世界之间的严重脱节，正是《百年孤独》的核心。

加西亚·马尔克斯印象深刻的童年回忆里，有很多关于他外祖父的事。正是因为外祖父，他对西蒙·玻利瓦尔[①]产生了浓厚的兴趣。他在回忆录中提到，有一天，他的外祖父在墙上挂了一张玻利瓦尔的图片，并大声地朗读着一首诗：

> 然后，外祖父用一种颤抖的声音，向我朗读了挂在图片旁边的一首长诗。我只记得最后几句，也会永远记得：“圣玛尔塔，慈悲之神，你把那片海滩给了他，让他死在你的膝上。”从那时起，以及之后的很多年，我都以为玻利瓦尔就死在那片沙滩上。外祖父告诉我并让我永远不要忘记他是世界历史中最伟大的人。[57]

玛戈特记得有一天，他们的外祖父想要捉住一只飞出笼子的鹦鹉，那鸟正在花园中树边一个高高的水槽旁。当时，他已经 72 岁了，爬上梯子去捉鸟，意外脚滑，摔在了地上，还伤到了内脏。这就是加西亚·马尔克斯创作的《霍乱时期的爱情》（*El amor en los tiempos del cólera*）中胡维纳尔·乌尔比诺死亡情节的灵感来源。[58]三年后的 1937 年 3 月 4 日，外祖父去世了，当时小加博仅有两天就满 10 岁了。外祖父死后，小

---

① 西蒙·玻利瓦尔（Simón Bolívar），拉丁美洲革命家、军事家、政治家、思想家，独立战争的先驱。

加博和玛戈特搬到了父母在苏克雷的家，兄妹两人都觉得很难适应。在外祖父家的时候，似乎他们想要什么就会有什么；但在父母家，要么只能吃上一顿午餐，要么只能吃上一顿晚餐。[59]重回阿拉卡塔卡的宅院，亲眼看见外祖父的东西被烧掉时——他的白西装、草帽，加博意识到童年的魔法终于要消散了。对于加博来说，他们好像在焚烧这个世上他所挚爱的一切。[60]

相比阿拉卡塔卡，在苏克雷的生活落差很大。10 岁的小加博得去巴兰基亚的圣何塞耶稣会学校上学了，[61]更重要的是，他得重新适应自己的身份：爸爸妈妈的儿子。和妈妈路易莎·桑地亚加相处很容易，母子两人关系总是十分亲密。加西亚·马尔克斯向普利尼奥·阿普莱约·门多萨说道："这可能是一段最认真的关系了。我和母亲无话不说，无所不谈。"[62]比如，马尔克斯在自传中最先讲到自己陪妈妈去卖房子。[63]这种亲密的关系解释了为什么路易莎直到 2002 年去世前都是儿子小说的敏锐读者。就像加西亚·马尔克斯说的那样："母亲阅读我的书时，她会本能地消除所有附加的东西，找到主要内容，也就是我塑造角色的核心。有时，她会一边阅读一边评论：'哦，我可怜的朋友，他真的变成同性恋了。'"[64]加西亚·马尔克斯和父亲加夫列尔·以利吉奥的关系则有些麻烦。萨尔迪瓦尔认为，他父亲不仅认为他被外祖父宠坏了，而且还是个撒谎精。[65]妹妹玛格丽特也表达了相似的看法："哥哥非常害怕爸爸。对我们来说，他是一个陌生人，我们把他看作叔叔，一个疏远的人。我知道他很爱我们，但是我不觉得他是我爸爸，这让我很痛苦。”[66] 妹妹艾妲（Aída）也有类似的看法：“加博和我们一起住后，他感觉爸爸没有外祖父那样慈爱，也不像外祖父那样随和，他开始想念外祖父家的氛围。爸爸会发号施令，而外祖父则对他疼爱有加。”[67] 加西亚·马尔克斯曾在一次采访中说：“不久前，他还对朋友说‘我觉得自己是不需要任何公鸡的帮助就能出生的小鸡’。他说得很自然，极具幽默感，像是温和地表达着不满，因为我总会和妈妈说我的情爱史，但很少告诉父亲。”[68]

加西亚·马尔克斯的外祖父和他父亲有些相似之处，这方面可能没有被足够重视。有一点就是他们都喜欢在外生孩子。[69]1926年，加夫列尔·以利吉奥和路易莎·桑地亚加在圣玛尔塔结婚时，就已步了马尔克斯上校的后尘——当时他已经有了两个“自然的孩子”，尽管这在当时并不罕见。虽然我们没有圣玛尔塔的数据，只有巴兰基亚的数据，但情况可能大致相似。同年，巴兰基亚教堂洗礼记录显示，受洗礼的婚生合法孩子多于“自然的孩子”，这无疑证实了天主教在20世纪的前几十年里婚姻运动的成效。[70] 马尔克斯在回忆录里充分证实了私生子的普遍，他暗指“返祖的偏见”已经给我们招致一大群未婚的男人和女人，他们的拉链开着，搞出许多非婚生孩子。[71] 加西亚·马尔克斯获得诺贝尔奖后，他回去探望阿拉卡塔卡的老师罗莎·埃琳娜·弗格森（Rosa Elena Fergusson），她对马尔克斯说：“加博，我本来可以成为你的妈妈。”马尔克斯回答说：“是的，您常常在我外祖母不方便时送我上学。”她接着说：

加比托和兄弟姐妹们：艾妲、路易斯·恩里克、加比托、表弟爱德华多·加西亚·卡巴耶罗、玛格丽特（后排从左至右）和莉西亚（前排）。该照片由加夫列尔·以利吉奥1939年拍摄于阿拉卡塔卡

“不是这个意思，我有段时间是你爸爸的女朋友。”[72] 父母的婚姻中也存在着性丑闻，马丁在《加西亚 · 马尔克斯传》中写道：“住在附近的女人雇用律师，控诉加夫列尔 · 以利吉奥趁麻醉之机强奸了她，尽管他否认强奸这一严重的指控，但他承认自己跟这个女人生了孩子。”[73] 无独有偶，后来又出现一名女子，指控父亲犯了强奸罪。路易莎 · 桑地亚加愤怒过后决定把孩子带回来。据加博的弟弟海梅（Jaime）回忆，母亲把私生子们带回家，对他们视同己出。[74] 加博也亲耳听到母亲说：“我不想让这个家的血脉流落到世界各地。”[75]

从路易莎的说法中可以发现，马孔多奇幻世界中很多生动的比喻和叙事都是加西亚 · 马尔克斯从他母亲和外祖母的口中听来的。《百年孤独》中有一个著名的场景，布恩迪亚家族的血液在马孔多的街道上朝家里蜿蜒流淌。尽管加夫列尔 · 以利吉奥有过外遇，还生有 4 个私生子，他更爱自己的合法家庭，并和路易莎 · 桑地亚加生下了 11 个孩子 ，无论是否婚生，所有孩子都随父姓。

尽管加西亚 · 马尔克斯的血液中明显流淌着性癖好，但他选择不步父亲的后尘。“在加夫列尔 · 以利吉奥工作的电报办公室里，有一张舒适的单人弹簧床，可以随时过夜。我曾经一度被他潜伏、等待猎物上钩的方式所诱惑，但是生活告诉我这是孤独最无聊的一种表现。”[76] 很重要的一点是，青春期的加西亚 · 马尔克斯可不是什么天使，他弟弟在西尔维亚 · 加尔维斯（Silvia Galvis）的采访中尖锐地指出：“我不是什么恶魔，加博也绝非圣徒。”[77] 在苏克雷度假时，年轻的加西亚·马尔克斯会为父亲的药店跑腿，收集债款。在一次他外出为父亲的药店讨债时，12 岁的加西亚·马尔克斯失去了童贞，这是因为他在一个名为“La Hora”的妓院里收债，接下来发生了什么，请看自传中这段富有文学天赋的描述：

我走向一扇半开的门，房门通向街道，屋内坐着一个女人，光着脚，穿着一条未能遮住大腿的衬裙，她正在充气床垫上打着盹。我还没来得及开口，她就坐了起来，半睡半醒地看着我，问我想要什么。我告诉她，父亲让我给艾利基奥·莫利纳老板捎口信。但她没有给我指路，而是让我去把门关上，并用食指冲我做了个手势。

“过来。”

当我向她走近时，她沉重的呼吸充斥着整个房间，仿佛洪水般汹涌，直到她用右手抓住我的胳膊，并将左手伸进了我的裤子里，我感到一阵美妙的颤动。

“你就是那位医生的儿子吧。”她一边说着，一边用五根灵活的手指在我的裤子里摸着，仿佛有十根手指一样。她脱掉了我的裤子，还不断在我的耳边说着轻柔的话，然后她把衬裙从头上扯下来，脸朝上，仅穿一条红花内裤躺在床上。“你必须脱掉这个，这是男人的职责。”她告诉我。

我匆忙地拉下拉链，但由于太着急了，没能成功地脱掉她的内裤，她只好伸展双腿，像游泳似的变换姿势来帮助我。然后，她用手臂托起我的腋窝，将我搁在她身上。接下来的事情，全由她自己操作，直到我孤独地死在她身上，死在她大腿间的洋葱汤中。[78]

他的童年就此结束。

加西亚·马尔克斯的第一次恋爱发生在1942年的巴兰基亚，对象是一个叫玛蒂娜·丰塞卡（Martina Fonseca）的女人，他形容她是“一个聪明、独立的混血儿”。[79]在一个星期三，弥撒结束后，她邀请他来家里做客。她丈夫在一艘沿马格达莱纳河航行的船上工作，这次离开家长达12天。正如加西亚·马尔克斯回忆的那样：“他的妻子在一个寻常的周六邀我去吃热巧克力和甜甜圈，这有什么可奇怪的？奇怪的是，每当她丈夫出海时，她就邀请我去家里，而且总是4点到7点的时候。”[80]

1940年，由于运气好，他获得了一份奖学金，赢得了去波哥大附近的锡帕基拉国立男子中学寄宿的机会。在去波哥大的路上，他偶然结识了教育部全国奖学金主任阿道夫·戈麦斯·塔玛拉（Adolfo Gómez Tamara）。这段友谊非常富有成效，因为他凭此获得了奖学金。[81]在寄宿学校期间，加西亚·马尔克斯对女性产生了浓厚的兴趣。他承认，相较于男性，和女性待在一起时更自在：“我与女佣的亲密可能是我能与女性秘密交流的缘由。我这一生都觉得，相较于男性，和女性相处更舒适自在。这或许也促使我深信，女性是维系世界运转的中坚力量，而男性则以先天的残暴将世界推向一片混乱。”[82]很快，加

西亚 · 马尔克斯发现他对女人很有一套；的确，年轻时，他经常会因风流韵事让自己陷入窘境。在锡帕基拉上学时，他与一名叫妮格罗曼塔或妮克罗曼瑟（Nigromanta / Necromancer，均为化名）的女人有染。他说："到圣诞节她就满 20 岁了，她的侧脸像阿比西尼亚人，拥有可可般的皮肤。跟她上床很快乐，她的性高潮不稳定也很痛苦。和常人不一样的是，她极度渴求被爱，如同汹涌的河流。"[83] 她的丈夫是一名警察，身材高大，声音却像个小女孩。夫妻二人就住在坟墓对面，邻居们经常抱怨他们做爱的声音足以把死人吵醒。[84] 她丈夫外出工作时，加西亚 · 马尔克斯会去拜访。一次偶然，他们误算了她丈夫回来的时间，加西亚 · 马尔克斯不得不在凌晨 4 点匆忙离开，好在他及时逃脱。他在街上遇到了这位警察，这人碰巧向他要了根烟，他说："该死，加比托，你肯定刚从 La Hora（当地一家妓院）出来，浑身都是妓女的淫味，连山羊都不肯靠近你。"[85] 接下来的星期三，他们被她丈夫抓个正着，还被强迫玩俄罗斯轮盘赌。警察把枪对准自己的脑袋，扣动了扳机，发出咔嗒一声，然后他把枪交给加西亚 · 马尔克斯。马尔克斯做不到，以为自己会被杀掉。但这一次马尔克斯很幸运，无辜的丈夫最终放了马尔克斯一马，因为马尔克斯的父亲几年前治好了他那特别严重的淋病。[86]

尽管风流韵事越来越多，加西亚 · 马尔克斯却深深地爱上了年轻女孩梅塞德斯 · 芭莎（Mercedes Barcha）。她是一个埃及移民的孙女，也是他日后会迎娶的女人。[87] 加西亚 · 马尔克斯告诉普利尼奥·阿普莱约·门多萨：

我和梅塞德斯在苏克雷相遇，那是一个距离加勒比海岸不远的小镇，我们两家人都曾在那里居住多年，也在那里度过了我们的假期。她父亲和我父亲从小就是朋友。一天，我在学生舞会上向只有13岁的她求婚。回想起来，我认为这个提议能绕过所有的烦琐找到一个女朋友。她肯定是这么理解的，因为我们也只是偶尔碰面，而且很随意，但是我认为我们俩都觉得这个假求婚早晚会变成事实。事实是小说出版的10年后假求婚才成真，我们甚至都没有订婚。我们两个人只是等待着必将到来的婚姻，不慌不忙，沉着冷静。[88]

1944年12月31日，加西亚·马尔克斯17岁，他用化名哈维尔·加西斯（Javier Garcés）在《时报》上刊登了一首诗，名为《歌》（*Canto*）。诗的最后一句如下：“雨落下 / 如你温柔的凝视。/ 女孩像新鲜的水果，/ 像节日般快乐，/ 今天，你的名字在暮色中闪耀 / 在我的诗篇里绽放。”[89] 这是一个青少年为梅塞德斯创作的痴情之歌，带着纯粹的魏尔伦风格[①]。可以把它解读为加西亚·马尔克斯年轻时为爱所困，一方面是因为年幼的梅塞德斯·芭莎，另一方面是和像妮格罗曼塔这类人发生了

---

① 保罗·魏尔伦（Paul Verlaine）是19世纪末法国象征主义诗人之一，他以其独特的视角和创新的诗歌风格在文学界享有盛誉。

太多次性关系。这些事情表明加西亚·马尔克斯以自己的亲身经历作为创作素材，不仅促成了小说情节的真实性，还有助于丰富小说的层次。加西亚·马尔克斯也善于把现实升华成艺术，弗洛伦蒂诺[1]这个角色就是基于他青少年时期的经历创作出来的。从某种意义上讲，马尔克斯将自己的生命经历化作小说中的情节，思考着人类生命里最深层次的欲望和追求。

---

① 弗洛伦蒂诺·阿里萨（Florentino Ariza），《霍乱时期的爱情》中的主人公。

注 释

1 “他再也下不了棋了”是马尔克斯得知外祖父的朋友唐·埃米利奥自杀后说的话。见加西亚·马尔克斯,《活着为了讲述》英译版(*Living to Tell the Tale*, London, 2003),伊迪丝·格罗斯曼(Edith Grossman)译,第 93 页。本书部分内容也参考了这本自传的西班牙语原版。后文出现的《活着为了讲述》若无标注“西语原版”,均指英译版。

2 正如加博的弟弟所言,加博实际上出生于 1927 年 3 月 6 日,而不是很多人认为的 1928 年。这个错误源于 1955 年,当时加博的《一个海难幸存者的故事》(*Relato de un náufrago*)在《观察家报》发表后,引发了罗哈斯·皮尼利亚政府的不满,他不得不离开哥伦比亚。离开时,出示的证件上显示他的出生年份是 1928 年,该错误直到最近才得以纠正。见西尔维亚·加尔维斯,《加西亚·马尔克斯家族》(*Los García Márquez*, Medellín, 2007),第 115—139 页。弟弟路易斯·恩里克说过,加博更改自己的出生日期是为了与香蕉大屠杀的日期重合。见达索·萨尔迪瓦尔,《加西亚·马尔克斯传:回归本源》(*García Márquez: el viaje a la semilla: la biografía*, Madrid, 1997),第 68 页。

3 加西亚·马尔克斯,《活着为了讲述》西语原版(*Vivir para contarla*, Barcelona, 2002),第 75 页。

4 达索·萨尔迪瓦尔,《加西亚·马尔克斯传》,第 86 页。

5 路易莎·桑地亚加在 2002 年去世,加西亚·马尔克斯在《活着为了讲述》中提到过母亲去世。

6 杰拉德·马丁,《加西亚·马尔克斯传》(*Gabriel García Márquez: A Life*, London, 2008),第 31 页。

7 达索·萨尔迪瓦尔,《加西亚·马尔克斯传》,第 111 页。

8 1929 年 1 月,自由党政治家豪尔赫·埃利塞尔·盖坦(Jorge Eliécer Gaitán)在国会上宣读了安加里塔神父的信,当时这位即将改变哥伦比亚的政治家还默默无闻。见埃利塞尔·盖坦,《香蕉种植园大屠杀：文件和证言》(*La Masacre en las bananeras: documentos testimonios*)。1948 年 4 月，风华正茂的盖坦被残忍杀害。

9 普利尼奥·阿普莱约·门多萨,《番石榴飘香》(*The Fragrance of Guava*, London, 1983)，第 17 页。

10 2009 年 2 月 26 日，采访阿拉卡塔卡故居的官方向导鲁维埃拉·雷耶斯（Rubiela Reyes）。

11 同上。

12 外祖父尼古拉斯上校鼓励年幼的马尔克斯画画，相信他会成为一名画家。见《活着为了讲述》，第 82—83 页。这幅兔子绘画保存在马尔克斯的出生地阿拉卡塔卡。

13 达索·萨尔迪瓦尔,《加西亚·马尔克斯传》，第 110 页。

14 2009 年 2 月 26 日，采访阿拉卡塔卡故居的官方向导鲁维埃拉·雷耶斯。

15 胡安·古斯塔沃·科博·博尔达,《在马孔多的中心：阿拉卡塔卡》(*En el corazón de Macondo: Aracataca*)，载《加夫列尔·加西亚·马尔克斯：我外祖父上校的故事》(*Gabriel García Márquez: los cuentos de mi abuelo el coronel*, Cali, 1998)，第 1—3 页。

16 杰拉德·马丁,《加西亚·马尔克斯传》，第 35 页。

17 2009 年 2 月 26 日，采访阿拉卡塔卡故居的官方向导鲁维埃拉·雷耶斯。

18 西尔维亚·加尔维斯,《加西亚·马尔克斯家族》，第 65 页。

19 杰拉德·马丁,《加西亚·马尔克斯传》，第 37 页。

20 2009 年 2 月 26 日，采访阿拉卡塔卡故居的官方向导鲁维埃拉·雷耶斯。

21 加西亚·马尔克斯给达索·萨尔迪瓦尔说的数字是 19，见达索·萨尔迪瓦尔,《加西亚·马尔克斯传》，第 103 页。杰拉德·马丁在《加西亚·马尔克斯传》第 5 页中推测尼古拉斯上校“生了很多，私生子可能超过 12 个”。

22 马尔克斯的弟弟海梅计算过，外祖父尼古拉斯上校有 12 个私生子女，见西尔维亚 · 加尔维斯,《加西亚 · 马尔克斯家族》，第 41 页。有 9 个已经得到确认，还有 3 个尚未确认，甚至可能还有更多。加西亚 · 马尔克斯家族的非婚生子现象不止如此：加西亚 · 马尔克斯的父亲和外祖母都是非婚生子女，他的父亲也生有 4 个私生子女。

23 达索 · 萨尔迪瓦尔,《加西亚 · 马尔克斯传》，第 103 页。

24 吉奥马尔 · 杜纳丝 · 巴尔加斯（Guiomar Dueñas Vargas),《罪孽的孩子：殖民时期圣菲波哥大的合法性和家庭生活》(*Los hijos del pecado: legitimidad y vida familiar en la Santafe de Bogotá colonial*, Bogotá, 1997），第 17 页。

25 玛丽亚 · 艾玛 · 曼纳雷利（Maria Emma Mannarelli),《公众的罪孽：17 世纪利马的非法性》(*Pecados públicos: la ilegitimidad en Lima Siglo xvii*, Lima, 1994），第 23 页。

26 吉奥马尔 · 杜纳丝 · 巴尔加斯,《罪孽的孩子》，第 44—45 页。

27 波哥大市的缔造者和市长胡安 · 奥尔特加（Juan Ortega）为私生子女留下了 6000 比索。见吉奥马尔 · 杜纳丝 · 巴尔加斯,《罪孽的孩子》，第 56 页。

28 米兰达 · 萨尔塞多（Miranda Salcedo),《家庭合法性与非法性：1880—1930 年间巴兰基亚社会控制问题》(*Legitimad e ilegitimidad familar: el problema del control social en Barranquilla 1880-1930*, Barranquilla, 2000），第 97 页。

29 同上书，第 108 页。

30 达索 · 萨尔迪瓦尔,《加西亚 · 马尔克斯传》，第 30 页。

31 米兰达 · 萨尔塞多,《家庭合法性与非法性》，第 116 页。

32 已知 9 名私生子女的姓名。根据达索 · 萨尔迪瓦尔的说法，他们是：何塞 · 马利亚 · 巴尔德布兰科斯 · 马尔克斯（José María Valdeblánquez Márquez)、卡洛斯 · 阿尔贝托 · 巴尔德布兰科斯 · 马尔克斯（Carlos Alberto Valdeblánquez Márquez)、萨拉 · 诺列加 · 马尔克斯（Sara Noriega Márquez）、玛丽亚·格雷戈里亚·鲁伊斯·马尔克斯（María Gregoria Ruiz Márquez）、埃斯特万·卡里略·马尔克斯（Esteban Carrillo Márquez）、埃尔维拉·卡里略·马尔克斯（Elvira Carrillo Márquez）、尼古拉斯·戈麦斯·马尔克斯（Nicolás Gómez Márquez）、雷米迪奥斯·努涅斯·马尔克斯（Remedios Núñez Márquez）、佩特罗尼拉·阿里亚斯·马尔克斯（Petronila Arias Márquez）。杰拉德·马丁在《加西亚·马尔克斯传》的第572—573页提供了这9个名字，但在书中除了佩特罗尼拉外，其他私生子女的名字都没有加上父姓"马尔克斯"。

33 加西亚·马尔克斯,《活着为了讲述》，第89页。

34 2009年2月26日，采访阿拉卡塔卡故居的官方向导鲁维埃拉·雷耶斯。

35 同上。

36 达索·萨尔迪瓦尔,《加西亚·马尔克斯传》，第26—27页。

37 同上书，第32页。

38 同上书，第41—45页。

39 同上书，第49页。

40 同上书，第44页。

41 同上书，第26页。

42 达索·萨尔迪瓦尔在《加西亚·马尔克斯传》中写道，马尔克斯上校因杀害梅达多·帕切科·罗梅罗在圣玛尔塔监狱服刑一年（第27页）。1909年，他和家人搬到西安纳加，达索·萨尔迪瓦尔认为搬家的主要原因是伊莎贝尔塔·鲁伊斯（Isabelita Ruiz）曾在此居住，她是上校1885年在巴拿马认识的情人，两人于次年生下了玛丽亚·格雷戈里亚·鲁伊斯（第45页）。由于阿拉卡塔卡的联合水果公司在不断扩张，1910年8月底，上校和家人们（他的妻子和三个孩子即胡安·德迪奥斯、玛格丽特、路易莎·桑地亚加）搬到了阿拉卡塔卡。人们推测，尼古拉斯·马尔克斯上校后来还留给伊莎贝尔塔·鲁伊斯一个孩子作为临别礼物，而这个孩子在

18 年后即 1928 年 12 月 6 日被政府军杀害。
43 加西亚 · 马尔克斯,《活着为了讲述》, 第 79 页。
44 达索 · 萨尔迪瓦尔,《加西亚 · 马尔克斯传》, 第 105 页。
45 杰拉德 · 马丁,《加西亚 · 马尔克斯传》, 第 48 页。
46 西尔维亚 · 加尔维斯,《加西亚 · 马尔克斯家族》, 第 59—88 页。
47 杰拉德 · 马丁,《加西亚 · 马尔克斯传》, 第 47 页。
48 这是玛戈特的说法, 见西尔维亚 · 加尔维斯,《加西亚 · 马尔克斯家族》, 第 64 页。
49 内容参考 2008 年 12 月 8 日普利尼奥 · 阿普莱约 · 门多萨在伦敦城市大学的演讲。达索 · 萨尔迪瓦尔在书中也有类似表达, 关于“真正的死亡”(muertos de verdad), 见《加西亚 · 马尔克斯传》, 第 98 页。
50 杰拉德 · 马丁,《加西亚 · 马尔克斯传》, 第 50 页。
51 加西亚 · 马尔克斯,《活着为了讲述》, 第 92 页。
52 同上。
53 加西亚 · 马尔克斯,《活着为了讲述》西语原版, 第 118—119 页。
54 加西亚 · 马尔克斯,《活着为了讲述》, 第 138 页。
55 2009 年 2 月 26 日, 采访阿拉卡塔卡故居的官方向导鲁维埃拉 · 雷耶斯。
56 加西亚 · 马尔克斯,《活着为了讲述》, 第 139 页。
57 同上书, 第 88—89 页。
58 西尔维亚 · 加尔维斯,《加西亚 · 马尔克斯家族》, 第 67—68 页。
59 2009 年 2 月 26 日, 采访阿拉卡塔卡故居的官方向导鲁维埃拉 · 雷耶斯。
60 同上; 另见加西亚 · 马尔克斯,《活着为了讲述》, 第 97 页。
61 加西亚 · 马尔克斯,《活着为了讲述》, 第 154 页。
62 普利尼奥 · 阿普莱约 · 门多萨,《番石榴飘香》, 第 21 页。
63 加西亚 · 马尔克斯,《活着为了讲述》, 第 3—5 页。
64 普利尼奥 · 阿普莱约 · 门多萨,《番石榴飘香》, 第 20 页。哥伦比亚人称加西亚 · 马尔克斯为“mamagallismo”,“mamagallismo”直译为“拽别人的腿”（即戏弄或捉弄），见乔恩·李·安德森（Jon Lee Anderson），《加博的力量》（*El poder de Gabo*），收录于《西班牙》杂志（1999年10月4日至11日），第44—46页。西尔维亚·加尔维斯认为，路易莎·桑地亚加是加西亚·马尔克斯家族里“mamagallismo”基因的源头，见西尔维亚·加尔维斯，《马尔克斯家族》，第13页、第17页。另见玛格丽特·S.德奥利维拉·卡斯特罗（Margret S. de Oliveira Castro），《加西亚·马尔克斯的混合语言》（*La lengua ladina de García Márquez*, Bogotá, 2007），第167—168页。

65 达索·萨尔迪瓦尔，《加西亚·马尔克斯传》，第133—134页。

66 西尔维亚·加尔维斯，《马尔克斯家族》，第54—88页。

67 同上书，第89—114页。

68 普利尼奥·阿普莱约·门多萨，《番石榴飘香》，第22页。

69 加西亚·马尔克斯在《活着为了讲述》中谈到了外公和父亲的“出轨行为”，但他认为这种行为没有任何意义，这似乎与他小说中所呈现的情况并不符合。

70 数据显示，52.4%是婚生子女，46.9%是私生子女，见米兰达·萨尔塞多，《家庭合法性与非法性》，第99页。

71 加西亚·马尔克斯，《活着为了讲述》，第49页。

72 2009年2月26日，采访阿拉卡塔卡故居的官方向导鲁维埃拉·雷耶斯。

73 杰拉德·马丁，《加西亚·马尔克斯传》，第70页。

74 西尔维亚·加尔维斯，《加西亚·马尔克斯家族》，第55页。

75 杰拉德·马丁，《加西亚·马尔克斯传》，第70页。

76 加西亚·马尔克斯，《活着为了讲述》，第51—52页。

77 西尔维亚·加尔维斯，《马尔克斯家族》，第115—139页。

78 加西亚·马尔克斯，《活着为了讲述》，第161—162页。

79 同上书，第168页。

80 同上。

81 同上书，第 184—187 页。戈麦斯 · 塔玛拉也借给马尔克斯一本陀思妥耶夫斯基的小说《双重人格》，而“双重人格”这个概念注定会成为马尔克斯最喜欢的一个文学手法（详见本书第四章）。

82 同上书，第 70 页。

83 同上书，第 216 页。

84 同上。

85 这是路易斯的说法，西尔维亚 · 加尔维斯，《加西亚 · 马尔克斯家族》，第 137 页。另见加西亚 · 马尔克斯，《活着为了讲述》，第 217 页。

86 乔恩 · 李 · 安德森，《加博的力量》。

87 加西亚 · 马尔克斯，《活着为了讲述》，第 218 页。

88 普利尼奥 · 阿普莱约 · 门多萨，《番石榴飘香》，第 22 页。

89 杰拉德 · 马丁，《加西亚 · 马尔克斯传》，第 84 页。

第二章

“一分灵感，九分汗水”[1]

1948 年 4 月 9 日下午 1 点 10 分，在希门内兹 · 奎萨达大道和第十四街之间的第七大道附近，自由党总统候选人豪尔赫 · 埃利塞尔 · 盖坦被枪杀，[2] 这起事件彻底改变了加西亚 · 马尔克斯的人生，当时他正在首都学习（马尔克斯在 1947 年 2 月选修了哥伦比亚国立大学的法律课）。谋杀发生时，加西亚 · 马尔克斯正和弟弟路易斯 · 恩里克以及一些朋友在一个廉价旅社里吃午饭，他们住在弗罗利恩街，距离案发现场只有几条街的距离。[3] 他们几个慌忙冲出去一探究竟，焚烧劫掠带来的骚乱一触即发。盖坦之死引发的城市骚乱如此激烈，以至于在西班牙语中催生了一个新词——“波哥大大暴动”（bogotazo）。[4] 那天晚些时候，路易斯 · 维亚尔 · 博尔达（Luis Villar Borda）在距离盖坦被枪杀几步远的地方，遇到了马尔克斯。马尔克斯显出一副愁眉苦脸的样子，对他说：“他们把我的房子烧掉了，我所有的故事都丢了。”[5] 尽管加西亚 · 马尔克斯在自传中的表述较为温和，但他显然像关心盖坦之死那样，对自己能否成为作家和记者感到担忧。当时加西亚·马尔克斯和菲德尔·卡斯特罗（Fidel Castro）都在波哥大，有时可能就隔了几条街的距离，但他们并没有碰面。卡斯特罗和盖坦于4月7日进行了会晤，并商议4月9日下午2点再次碰面。然而，这次会面注定会以失败告终。波哥大大暴动在加西亚·马尔克斯的心中不断沸腾，如火焰般燃烧着，并激发了他日后生活中逐渐形成的政治紧迫感。后来，加西亚·马尔克斯投身于古巴革命，即使像巴尔加斯·略萨（Vargas Llosa）这样的朋友背弃了革命，他也坚定支持菲德尔·卡斯特罗。还有，波哥大大暴动让加西亚·马尔克斯亲眼看到了赤裸裸的不公正，也见证了民众被激怒时势不可当的愤怒。

加西亚·马尔克斯在波哥大亲身经历了政治暴力，这无疑是非常重要的。但同样重要的是，这些事件在他生动的想象力中发生了怎样的转化。

> 擦鞋匠们集结成群，手持木箱，猛烈地拍打着格拉纳达药店的铁门，少数执勤警察已把刺客锁在里面，以防暴民伤害他。人群中有一个身材高大、举止得体的男人，穿着一套考究的灰色西服，像是要去参加婚礼似的，他有条不紊地呼喊着，催促人群继续前进。呼喊效果如此之好，药店老板都为了自己的商铺不被焚烧而升起了铁门。那刺客看到愤怒的人群向他蜂拥而来，顿时惊慌失措，紧抓着警察不放。

“长官，求求你别让他们杀我。”他几乎没有声音地哀求着。

我永远也忘不了他。他头发蓬乱，胡子两天没刮了，脸色像死人一样灰白，眼睛因恐惧鼓了起来。他穿着非常破旧的棕色竖条纹西服，翻领已被暴民们撕扯坏了。那是一个瞬间而永恒的幻影，因为暴民们用手中的木箱殴打他，又把他从警察那里拖走，对他拳打脚踢，最终杀死了他。他第一次倒下时，还丢了一只鞋。

“去总统府！”身份不明的灰衣男子大喊道，“去总统府！”[6]

许多关于波哥大大暴乱的记载中并未提及这位灰衣男子。用加西亚·马尔克斯的话说，“这个人从未被确认过”。这个事例很有可能是“错误的记忆”，是加西亚·马尔克斯在事后听到的生动故事，历经漫长的时间后，他在脑子里编织而成。[7]确实，根据很多其他证词，加西亚·马尔克斯并没有目睹埃利塞尔·盖坦被谋杀，也没有看到刺客被杀，[8]这也进一步证明马尔克斯的记忆可能有误差。正如他描述的那样：“我在案发现场待了10多分钟，目击者口供的内容和形式飞快地变化着，直到它们跟现实完全不符。”[9]他最后得出了启示性的结论：

50年后，我仍记得那个在药店外煽动民众的男人形象，但是直到今天，我也没能在现存的大量证词中找到他。我曾近距离观察过他，他穿着昂贵的西服，皮肤白润光洁、举止得体。我一直观察着他，直到受害者的尸体被拖走。他登上一辆崭新的车子后，仿佛就被历史的记忆抹去了一样。很多年后，我成了一名记者，突然想到这个男人可能安排了假刺客来掩盖真凶的身份。[10]

当时，大部分的报道都是关于埃利塞尔·盖坦尸体附近发生的骚乱，马尔克斯记忆中的这个男人真的存在吗？“昂贵的西服”以及“皮肤白润光洁”的描述是否真实？他本该保持谨慎，但却被一辆崭新的车子秘密接走，这简直无法让人相信。相比于加西亚·马尔克斯讲述的这个男人被“历史的记忆抹去”，他其实是哥伦比亚作家生动想象的结果难道不是更合理的解释吗？

将加西亚·马尔克斯的描述与报纸的报道进行对比会有一些启发。例如，《时报》在 1948 年 4 月 12 日的头版详细报道了该事件。1948 年 4 月 9 日星期五下午 1 点 10 分左右，盖坦正要离开阿古斯钉·涅托大楼的办公室，同行的还有一些同事，包括豪尔赫·帕迪利亚（Jorge Padilla）、普利尼奥·门多萨·内拉（Plinio Mendoza Neira）、亚历杭德罗·巴列霍（Alejandro Vallejo）和弗朗西斯科·帕尔多（Francisco Pardo）。这时一位穿灰色衣服的矮小男子向盖坦走来，在此之前没有人注意到他，直到他出人意料地掏出手枪，朝着盖坦开了 4 枪。碰巧在附近的一名警察西罗·埃弗拉因·席尔班（Ciro Efraín Silván）

逮捕了这名刺客，他和另一名警察尽量保护刺客不受人群的伤害，但是暴民最终还是从警察手中拽走了这名男子，将他殴打致死。[11] 不同于加西亚 · 马尔克斯的描述，这个版本里没有提到在旁边指挥的男子。海梅 · 基哈诺 · 卡瓦列罗（Jaime Quijano Caballero）亲眼见证了该事件，在他的描述中，确实有人大喊“去总统府”。而加西亚 · 马尔克斯的记忆中，喊声来自一个在一旁策划行动的男子。海梅 · 基哈诺 · 卡瓦列罗的记忆中，这是人群中发出的各种喊声中的一种，还有“杀死刺客！”“去总统府！去总统府！让他们解释！”[12]

以上并不是说加西亚 · 马尔克斯描述的不准确，但奇怪的是，现存的报道中没有与之相符的。可能是马尔克斯记错了，但他却捕捉到这次暗杀事件中最不寻常的地方。直到今天，胡安 · 罗阿 · 谢拉（Juan Roa Sierra）刺杀盖坦的动机也没有一个令人满意的解释，因为似乎没有任何明显的政治倾向能够解释他这种激进的行为。然而，加西亚 · 马尔克斯通过在事件中引入一种神秘的元素来阐释这个动机，尽管其他报道表明这个人只存在于这位哥伦比亚作家的想象中。的确，加西亚 · 马尔克斯自传中引人注目的细节，正是他的记忆在这件事中起到的作用，数年后他突然想到这名男子“可能安排了假刺客来保护真凶的身份”。还有一种可能是，加西亚 · 马尔克斯受到 1962 年约翰 · 肯尼迪遇刺事件的影响，该事件催生了大量的阴谋论报道。为了重新唤起人们对盖坦事件的记忆，马尔克斯对各种“真实”事件进行了加工。随着时间的推移，这种逼真但缺乏事实依据的错误记忆揭示了加西亚 · 马尔克斯小说的迷人之处。无论人们如何解读盖坦遇刺事件，可以说都对加博的情感产生了重要影响，他由此在想象中重现案发现场，设计了案子的发展走向，并添加了个人色彩，体现了这起事件内在的重要性——对加博来说，波哥大大暴动意味着太多的事情。

1948 年初，马尔克斯和弟弟路易斯 · 恩里克回到北部避难，寻求一些来自加勒比海的和平与安宁，又在 1948 年 4 月 20 日动身前往卡塔赫纳。[13] 他到达该地不久后，恰好遇到老朋友曼努埃尔 · 萨帕塔 · 奥利维拉 [14]。老朋友为他提供了一份《环球报》记者的工作，这实在是一种幸运的机遇。他从事这份工作不仅得以开始职业生涯，也学到了创作小说的技巧。[15] 所以，加西亚 · 马尔克斯不会再继续大学学业了。

1948 年 5 月 21 日，加西亚 · 马尔克斯在《环球报》上发表了第一篇文章——《新段落》（*Punto y aparte*）。[16] 该报的编辑克莱门特 · 曼努埃尔 · 扎巴拉（Clemente Manuel Zabala）是个戴眼镜、低调的人，他的头发梳得很顺，持有明显的自由主义观点。他不仅斥责保守党错误的政治原则，还批评他们糟糕的语法，因此出了名。[17] 加西亚 · 马尔克斯后来接着写《新段落》，扎巴拉会用红色铅笔认真修改。马尔克斯这时的文章已经有了些辨识度——文章简短（大约一段长），风趣幽默，尤其是刻画的细节很能说明故事的寓意，还带着政治色彩。通常，他会挑选日常场景及事件，或是敲响宵禁的钟声、一个稻草人、划船的经历、某个星期四，或是乔治 · 萧伯纳（George Bernard

身为记者的加西亚·马尔克斯（右二）正在办公桌前工作。1950 年拍摄于巴兰基亚

Shaw)、阿瑟·柯南·道尔（Arthur Conan Doyle）这样的文学作家，用来引发更重要问题的思考（历史事件的意义、鬼魂题材不再流行的真相等等）。[18]有时，这些文章非常富有想象力，表明小说家在不断打磨自己的写作风格。比如，有一篇关于一周中每天都有特殊共鸣的文章（星期一就像手上的戒指，星期二适合结婚或远航，星期三优柔寡断，星期四是个混合日，而星期五则是优雅的死亡之日）。[19]早期这些文章揭示了加西亚·马尔克斯的语言天赋。哥伦比亚著名的当代诗人阿尔瓦罗·穆蒂斯（Álvaro Mutis）说过，讲西班牙语的所有作家中，只有加西亚·马尔克斯对卡斯蒂利亚语（纯正的西班牙语）有着最深的理解。[20]如果我们将加西亚·马尔克斯的文章与他在这一时期写的短篇小说相比较，就会发现他的经历已经在文学上得到了回报。他所写的文章都很有吸引力，尽管有些异想天开。[21]一旦他把两种技能结合起来，也就是说，既能像哥伦比亚的福克纳那样写作，又能写出前卫的新闻，他将势不可当。[22]事实上，加西亚·马尔克斯在20世纪40年代末为卡塔赫纳《环球报》创作的调查性新闻报道，有可能为他以卡塔赫纳为中心的小说《爱情和其他魔鬼》（*Of Love and Other Demons*）提供了灵感（因为前言中很清楚地说明了小说的背景）。比如，1949年10月25日的《环球报》上有一篇文章，讲述了一只名叫骷髅（Calavera）的狗挖出了一个婴儿尸体的事件，作者不是别人，正是加西亚·马尔克斯。[23]《爱情和其他魔鬼》中的一些细节很可能受此启发。[24]

婚前的梅塞德斯·芭莎。拍摄于巴兰基亚

加西亚·马尔克斯开始因新闻报道声名鹊起。很快，巴兰基亚《先驱报》的编辑阿方索·富恩马约尔（Alfonso Fuenmayor）就主动为他提供了一份工作。1949年圣诞节，他搬到了巴兰基亚。次年1月5日，他开始为《先驱报》工作，并在那天发表了他的第一个专栏，取名为《长颈鹿》（*Jirafa*）。[25] 他的妹妹莉西亚认为，他离开《环球报》去巴兰基亚工作是为了接近梅塞德斯。事实上，他专栏名字的灵感就源于梅塞德斯优雅而纤细的脖子。[26] 加西亚·马尔克斯很快就成为巴兰基亚文学团体的一员。该团体由两位老将何塞·费利克斯·富恩马约尔（José Félix Fuenmayor）、拉蒙·文耶斯（Ramón Vinyes），还有奥布雷贡（Obregón）、塞佩达·萨穆迪奥（Cepeda Samudio）、富恩马约尔和巴尔加斯组成。[27] 对加西亚·马尔克斯最有启发性的人是文耶斯。加博称呼他为一个"博览群书的男人"，[28] 他还在小说《百年孤独》中出现过（这是马尔克斯的一个小把戏，他经常以朋友为原型塑造小说中的人物）。[29] 加入《先驱报》不久后，他开始经常一天抽两包烟。他住在巴兰基亚的一栋四层高的大楼里，这栋楼也被称为摩天大楼，因为在当时这个沿海城市里没有多少这么高的建筑。这栋楼位于皇家大街上（现在叫玻利瓦尔街），靠近科隆广场（现在叫圣尼古拉斯广场），与《先驱报》的办公室隔街相望，在一个破旧的街区里。一楼有公证处和一些公司，上面几层是个妓院，加西亚·马尔克斯住在顶楼，每晚的租金是1比索50分钱。他跟许多妓女成了好朋友，为她们写信。她们则为马尔克斯熨洗衣物。没钱交房租时，他会把自己当时正在撰写的稿子抵押给门房。这里与加西亚·马尔克斯后来在哥伦比亚的住所形成了强烈反差，他后来居住的三层大房子坐落于卡塔赫纳城墙路和教区大街的交叉处，[30]由哥伦比亚建筑师罗格里奥·萨尔莫纳（Rogelio Salmona）设计而成，[31]享有绝佳的加勒比海美景。

加西亚·马尔克斯为《先驱报》撰写的《长颈鹿》专栏，从1950年1月一直持续到1952年12月，文章诙谐幽默，突破了传统的新闻模式。其中一篇名为《为棺材辩护》（*In Defence of Coffin*），开篇语相当震撼：“在这样一个下午，即使是最为乐观的人也会不禁问起：世界上到底哪棵树会被用来制作他的棺材呢？”[32]另一篇名为《泰山的孤苦童年》（*Tarzan's Orphanhood*），开篇语是：“就像大力水手一样，泰山将比他的创造者埃德加·赖斯·巴勒斯（Edgar Rice Burroughs）多活很多年，而后者昨天刚在加州的农场去世。”[33]除了为其他报纸撰写文章，他还尝试过创办自己的报纸，并与一些朋友联合创办了一本文学文化杂志——《纪事周刊》，第一期于1950年4月29日出版。[34]在《先驱报》工作期间，他养成了勤奋工作的习惯。根据弟弟路易斯·恩里克的说法，他的秘诀就是每天都坚持写作。[35]加西亚·马尔克斯也说过，成功的秘诀就是“一分灵感，九分汗水”。

紧接着，灾难降临。1951年1月22日，他的一位好友卡耶塔诺·赫恩蒂莱（Cayetano Gentile）在苏克雷被残忍杀害，原因是被指控强奸了当地女孩玛格丽特·奇卡（Margarita Chica），侮辱了她的家族。不久之后，加博的父亲加夫列尔·以利吉奥决定带着家人搬到加勒比海沿岸的城市卡塔赫纳，当时，加西亚·马尔克斯正在那里为《环球报》工作。这次搬家的原因至今没有令人满意的解释。显然，这并不是出于政治原因，[36]因为加夫列尔·以利吉奥是保守派，而苏克雷在政治上就是一个小而保守的“停滞”城镇，就像它所在的内陆湖泊一样。谋杀卡耶塔诺·赫恩蒂莱的人是为了向玛格丽特·奇卡受到的侵犯复仇。复仇者是她的两个兄弟，而他们恰好就是屠夫。受害者卡耶塔诺·赫恩蒂莱来自享有土地的贵族阶层，这清楚地表明了以往上层男子对下层女子进行的性剥削制度已经动摇，包括“第二个家庭”和“初夜权”等习俗。加夫列尔·以利吉奥一直按照旧秩序的规则行事——他生了4个私生子，他很有可能意识到苏克雷正在发生翻天覆地的变化，再加上赫恩蒂莱是他妻子的亲戚，所以他决定和家人搬到卡塔赫纳。与此同时，加西亚·马尔克斯决定写一本关于他朋友被谋杀的小说，但他被说服，至少要等到赫恩蒂莱的母亲去世后。所以，以这起谋杀事件为背景创作的小说《一桩事先张扬的凶杀案》（*Crónica de una muerte anunciada*）30年后才出版。

1951年9月，加西亚·马尔克斯创办了自己的报纸，取名为《要闻》。该报立志成为“世界上最小的报纸”，创刊号社论解释其原因为“纸张匮乏、广告赞助不够，还没什么读者”。该报于1951年9月18日在卡塔赫纳出版，长约60厘米，[37]非常便于携带，几乎全部由加西亚·马尔克斯撰写，发行量为500份，但仅发行6天就停刊了。[38] 报上有一个名为《爱情医院》的栏目，专为伤心的读者排忧解难。其中一栏如下：

> 问：我深深地喜欢着一个男人，有好多话想对他说，可每当我靠近他的时候，我的体温都会下降，浑身冷汗不断，甚至还会不由自主地颤抖起来。请问我该怎么办呢？
>
> 答：去看医生吧。你可能患了疟疾，而不是什么爱情。[39]

《要闻》从1951年9月18日发行至23日，展示了加西亚·马尔克斯颇具个性的幽默感，具有重要价值。正是在这样的作品中，我们可以发现马尔克斯的文字带有明显的加勒比海风格，这种风格幽默、率性，具有口语化和大众化的特点。[40]《要闻》是这位哥伦比亚作家编辑的唯一一份报纸。

与此同时，加西亚·马尔克斯也在写他的第一部小说。早在1952年3月，他就写信给当时在《观察家报》工作的贡萨洛·冈萨雷斯（Gonzalo González），称自己正在创作一本600页的小说——《房子》。雅克·吉拉德（Jacques Gilard）认为，在马尔克斯20世纪40年代末和50年代初的报刊文章里，已能窥见《百年孤独》中颠覆传统小说的精神。这一说法引发了他和安赫尔·拉马（Ángel Rama）的一场著名辩论。拉马认为，马尔克斯在这一时期撰写的新闻报道和《房子》中的片段与《百年孤独》相比，艺术性还差得远。与此同时，马尔克斯的父亲并不满意他这位长子的新职业。加博向父亲坦言想成为一名作家，父亲则毫不客气地回答道："你就等着靠写几张纸为生吧！"[41]

意识到外祖父过着双重生活后，加西亚·马尔克斯在1952至1953年决定前往马格达莱纳地区，寻找自己的根源。这个机会源于名叫胡里奥·塞萨尔·维莱加斯（Julio César Villegas）的人，他是一位流亡的秘鲁企业家，在巴兰基亚做分期付款的售书生意，并邀请加西亚·马尔克斯当他的代理人。加西亚·马尔克斯在1952年12月接受了这个提议，因为这既能赚点钱，又能研究自己的根源。他前往圣玛尔塔，在那里遇见了弟弟路易斯·恩里克。他们走遍西安纳加、巴列杜帕尔、拉巴斯和马瑙雷这样的城镇，还在瓜卡马亚尔、塞维利亚、阿拉卡塔卡、丰杜艾西昂和埃尔科佩伊停留过，为维莱加斯的书寻找客户。[42]恩里克回到西安纳加时，加西亚·马尔克斯继续和拉斐尔·埃斯卡洛纳（Rafael Escalona）一起旅行，后来遇见了利桑德罗·帕切科，也就是外祖父在1908年杀死的梅达多的外孙。他们抛开过去的恩怨，一起环游了瓜希拉地区、里奥阿查，途经乌鲁米塔、比利亚努埃瓦、埃尔莫利诺、圣胡安德尔塞萨尔、丰塞卡、巴兰卡斯（他们的外祖父曾在这里决斗）和托马拉松。[43]在旅途中，加西亚·马尔克斯遇见了许多上校的私生子，他后来告诉达索·萨尔迪瓦尔，共有19个。回到巴兰基亚（1953年5月至6月）时，他已经确认了外祖父的另一个形象。多年前，还是个孩子的小加博瞥见外祖父坐在另一所房子的客厅里，旁边坐着一个女人，外祖父就像在外祖母的家里一样自然。加博对瓜希拉的访问证实了外祖父的确过着双重生活。

旅途中，马尔克斯不卖书时就看小说。他重读了弗吉尼亚·伍尔夫的《达洛维夫人》（*Mrs.Dalloway*），并第一次读了海明威的《老人与海》（*The Old Man and the Sea*），两本书给他留下了深刻的印象。[44]最重要的是，他发现可以重塑这些小说的结构，以讲述外祖父作为家族族长的故事。几年前，他阅读了陀思妥耶夫斯基的《双重人格》（*The Double*），可能是阿方索·纳达尔（Alfonso Nadal）的西班牙语译本，这本书对他创作小说的艺术构思可能有所帮助。[45]《双重人格》讲的是一个叫雅科夫·彼得罗维奇·戈利亚金的男人，他被自己的双重人格所折磨。在小说的高潮，他屈服于自己的命运，被带走了，可能去了疗养院或者迈入死亡，小说中没有明确说明。加西亚·马尔克斯早期的小说之所以有价值，不仅是因为我们能从中了解到他痴迷的主题（尤其是关于家族的双重性），而且还能发现一种新的文学风格，其中有五种逐渐完善的技巧，即魔幻现实主义、把时间刻画为浓缩和错位的现实、简明扼要的俏皮话、黑色幽默和政治讽喻。[46]

加西亚·马尔克斯发表的第一篇短篇小说是《第三次无可奈何》（*La tercera resignación*），它于1947年9月13日在《观察家报》上发表。当时，他甚至没钱买一份5分钱的报纸，询问一个路人能否拿他的报纸看。正是由于一个陌生人的慷慨赠与，他才看到了自己发表的第一篇作品。[47]《第三次无可奈何》里没有社会或政治批判，它是一篇心理短篇小说，[48]讲的是一个关于生者死亡的故事，特别呈现了一个活着但即将被埋葬之人的思维过程："他躺在棺材里，等待着被埋葬，但他知道自己还没死。"[49] 这部小说没有超越 19 世纪小说中对死后意识的描绘，对话也有些生硬，甚至怎么不真实："'夫人，您的孩子病得很重，他死了。然而，'他继续说，'我们将尽一切可能让他在死后活着。'"

加西亚·马尔克斯早期的小说十分关注死亡，他的第二篇小说《埃娃在猫身体里面》（*Eva is Inside her Cat*）于 1947 年 10 月 25 日发表在《观察家报》上，展示了他对神秘性描绘的独创性。[50] 书中的加西亚·马尔克斯就像一位即兴爵士乐家一样，尝试着各种技巧。《埃娃在猫身体里面》通过一只猫的意识来探索非理性意识。该书是对卡夫卡的《变形记》（*Metamorphosis*）的改写[51]，像许多其他早期短篇小说一样，探讨了潜意识、梦境和死后生活。像其他短篇小说一样，这部作品中也存有一些表达神秘或荒谬的技巧，但这些技巧不怎么成熟，表达得也不清楚。值得注意的是，马尔克斯在小说中使用了一种新技巧——简明扼要的俏皮话，这将主导他后来最优秀的小说。故事的结尾处就使用了这种技巧："直到那时，她才明白从她渴望吃第一个橙子的那一天起已经过去了 3000 年。"

加西亚·马尔克斯的第三篇小说《图巴尔－卡因造星记》

EL ESPECTADOR — Página Octava   Bogotá, Colombia, Sábado 13 de Sepbre. de 194

Fin de Semana

Sección de EL ESPECTADOR de los sábados a cargo de Eduardo Zalamea Borda — Número 80

La Tercera Resignación

Por Gabriel García Márquez

LEONTIASIS OSEA? - DE ETICA Y DE ESTETICA?

Por León de Greiff

《第三次无可奈何》，1947 年 9 月 13 日发表于《观察家报》

（*Tubal-Cain Forges a Star*）于 1948 年 1 月 17 日在《观察家报》上发表，搭配着恩里克 · 格劳（Enrique Grau）那有吸引力的插图。[52] 开篇是一个场景描述，可能是梦中的情景，也可能是一个人走在波哥大街上的现实描写。加西亚 · 马尔克斯这篇小说虽然被巴尔加斯 · 略萨描述为“模糊到没有逻辑”，[53] 但其实是一篇非凡的作品，可以解读为作者潜意识中感觉到“他者”（非婚生子女）威胁到自己的身份。主人公（几乎是加西亚 · 马尔克斯本人的影射）感到自己被跟踪时，故事开始了，“他停了下来，‘他者’也停了下来”，紧接着“他者”引起了各种焦虑。这个人的出现勾起了他对过去的回忆：“他身体里的那个男人颤抖了。”这种体验迫使主人公感到一种强烈的眩晕，还让主人公想起了已故的父亲，特别是“他走过来坐在床边”的场景。[54] 突然间，故事情节变得神奇起来，死去的父亲竟降临在主人公的眼前，还有分身的场景。

> 他看到父亲正在降临。很快，他就变成一个极小的人，并分裂出一个替身。父亲在房间的各个角落里分身，变成多个大小一样的人。这些人一模一样，移动很快，他们混乱地奔涌着，像被火驱散的蚂蚁一样。看到父亲成倍增加时，他感到很快乐，尽管这并不理性，但他喜欢这场糟糕的盛宴。他享受追赶那支小人国军队的感觉，这些人会恐惧地聚集在角落里，用他们尖锐、恶毒的小眼睛看着他，互相碰撞，分裂出越来越多的分身，直到

EL ESPECTADOR – *Página Quinta*

Fin de Semana

Seccion de *"El Espectador"* de los sábados a cargo de *Eduardo Zalamea Borda* — Número 97

☆ ☆ ☆ ☆ ☆ ☆ ☆ ☆ ☆ ☆ ☆ ☆ ☆ ☆ ☆ ☆

Tubal - Caín Forja una Estrella

Por Gabriel García Márquez

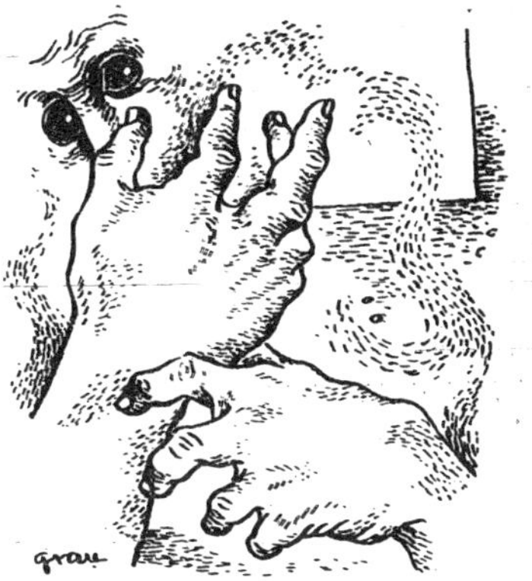

Se detuvo. "El otro" se detuvo también. Ahora ya no podía dudarlo. En las madrugadas anteriores se había resistido a penetrar en ese mundo oscuro, nebuloso, hacia donde lo estaban empujando con una fuerza incontenible todas las potencias de su vida. Había sabido resistir. Aún tenía vigor para apretar en su puño la lucidez que se sacudía, que se revelaba tratando de fugarse por entre sus dedos, persiguiendo un panorama que fue suyo en un tiempo perdido ya, confundido en ese invierno que llovía con dura insistencia sobre el paisaje desolado de la muerte. El había estado allí, parado bajo esa lluvia, en pie, inconmovible como una estatua, soportando la racha de granizo que le cortaba los párpados mientras su cerebro construía las imágenes, esas imágenes voluptuosas, amargas, que poblaron su mundo. Pero no quería regresar. Aun persistía en su boca un amargo sabor a sal fría, a musgo nuevo; y había creído que la resistencia —aunque dolorosa— sería eficaz. Puso en su rebeldía todo ese poco de vigor que aun le quedaba después de su pasado vacilante. Sin embargo, ahora podía saber que la lucha fue inútil. De nada le valió defenderse como una fiera en retirada y mostrar sus colmillos de perro malherido a los fantasmas del miedo. De nada le valió arrastrarse con las vísceras rotas para ahuyentar los cuervos de la lujuria. Trató de apostarse tras del baluarte de su infancia. Trató de levantar entre su pasado y su presente una trinchera de lirios. Pero fue inútil su lucha, como fueron inútiles los mordiscos que le dio a la tierra de los gusanos para sentir en su lengua esa tibia humedad que no tuvo la leche de su madre. Sí. Ahora ese mundo había venido a él. Se había hecho presente con toda su realidad indestructible: se

miembros ágiles y tonificados sino dos columnas de concreto, dos árboles de plomo. Y más arriba, en el vientre, ese vapor se iba haciendo agudo, afilado, hasta con-

po que iba creciendo, tomando formas arbitrarias, ramificándose contra el techo que empezaba a vacilar. Sentía un buen orgullo filial de verlo estirarse de vivir el

voz quebrada por la soga. Entonces sí podré decir: tiempo y espacio… ¡No: espacio y tiempo, bellamente, patas-arriba! Ya debo de estar muerto. Hace rato que estoy colgado de esta soga, balanceándome en el aire. Ya estoy frío. Caramba, si casi me estoy pudriendo. Ahora nadie vendrá con su coro de voces sonámbulas a gritarme en las orejas: "Somos los marihuanos..!". Afuera oyó voces que lo llamaban angustiadamente por su nombre con un acento casi maternal y unos golpes fuertes, dados por un hombro seguro, hacían temblar las paredes de la habitación. Lo de siempre! Alguien sintió el ruido y los vecinos se congregaron en la casa. Esta vez, como las otras veces, caerían las puertas bajo el peso de todos los hombros que estaban allí, empujando firmemente, decididamente, tratando de arrebatárselo a la muerte. —Qué cobarde, qué bruto soy! Y todo por mi debilidad! Por tenerle miedo a ese círculo de frío que se detuvo un instante en mi sien dispuesto a quebrarme los temporales. Talvez hubiera sido más propio de mi dignidad el que me hubieran encontrado con la cabeza hundida en un espejo de sangre. Talvez hubiera sido mejor agasajar el olfato de la muerte con una rosa de pólvora.

Aquella vez empezó a notar la presencia de "el otro". Lo imaginaba en todas partes. Metido en los rincones, detrás de las puertas; espiando cada uno de sus gestos, cada movimiento suyo. Alcanzaba a ver la forma escurridiza, la huída precipitada. En el comedo "lo" veía fugarse después de haber derramado un frasco de láudano sobre los alimentos. Estaba en todas partes, multiplicado, desdoblado como su padre: en la casa, en la ciudad, en el mundo entero. De noche "lo" oía, jadeante, tratando de derrumbar las paredes

发表在《观察家报》上的《图巴尔－卡因造星记》

塞满整个房间。

主人公接着形容了自己抓住10到15个小人时的快感："他们长得一样，一模一样。"然后他会把他们杀死："他握紧手指，合拢拳头想要挤压他们，并在拳头里攥碎这些小人。他看到小人们在颤抖，感到多么满意啊。"故事继续："现在他完全明白了。'他者'的回归意味着所有那些病态感觉的回归。"故事又切换到现在——男人走在街上，当他听到别人的脚步声时，他感到很害怕。这个故事生动地表达了一个年轻人因父亲的鬼魂而产生的痛苦，我认为这是一种影射，暗指加西亚·马尔克斯发现外祖父双重生活后的不安。虽然这篇短篇小说没有得到应有的关注，但它让我们了解到加西亚·马尔克斯自童年起就受此困境的折磨。所以，《图巴尔－卡因造星记》展示了加西亚·马尔克斯如何直面家庭里的"幽灵"。

《死神的另一根肋骨》(*La otra costilla de la muerte*)也可以解读为对婚生子女和非婚生子女竞争的思考，他们在这个故事中以死去的双胞胎/他者的形式出现。这个故事没有任何情节可言，而是描述了主人公头脑里一连串的想法。他做了一个噩梦，梦中一个声称是他孪生兄弟的人死去了。很多人认为这个兄弟的形象可能是作者的某个弟弟，比如路易斯·恩里克，但事实并非如此：主人公和这个孪生兄弟（他者）都是"另一个身体的一部分，这个身体比他自己身体的渊源更久远，与他同在古老家谱的分支中，同在他4个曾祖父的血液中"。叙述者和另一个人在他们曾祖父母的血液中合二为一，对此，我们可以把这个孪生兄弟解读为尼古拉斯·马尔克斯上校的私生子。在加西亚·马尔克斯创造性的想象中，他当时（即1948年）正过着一种平行生活。在《死神的另一根肋骨》叙述者的想象中，“‘另一个兄弟’跨越世代，穿越黑夜，历经爱恋更迭，穿过血管和精巢，像是在夜间旅行，最终到达最近这个母体”。

此时，我们可以从小说中领悟到艺术的真谛。孪生兄弟关系的真相在后文被揭示：“现在他觉得神秘的祖先之旅是真实而有力量的，因为平衡被打破了，平衡已经被彻底打破。他意识到自己内心的和谐、平日的正直缺少了点东西：雅各已经不可挽回地挣脱了他的脚踝！”马尔克斯借用《圣经》中雅各和他的双胞胎兄弟以扫的典故表达两层含义：一方面，它解开了主人公身份的谜团（“平衡被打破”指的是两兄弟构成了一个完整的整体）；另一方面，它也导致一种不安感，因为这种意识会让主人公产生一种不完整感。主人公感到不安的另一个原因是，与他有着亲密关系的孪生兄弟死了：“那具尸体对他来说并不陌生，而是由和他一样的物质构成，是他的替身……”正如叙述者随后感叹的那样：“那是替身的意识！他的替身是一具尸体！”显然，加西亚·马尔克斯从陀思妥耶夫斯基的《替身》中汲取了遇见替身的恐惧，并将其构思为哥伦比亚家庭中的双重身份，即婚生子和私生子的斗争。尽管一个已经死了（可以解释为缺乏社会接受意义上的死亡），一个还活着，但他们是“两个一模一样的兄弟，令人担忧的翻版”。这个短篇故事中最有趣的地方，可能是第二段中对梦境的描述：

> 树后面埋着他的兄弟，他者，那个孪生兄弟，就是那天下午下葬的那位。他打着手势，想要让火车停下来，我生活里也这样做过，确认无人能懂后，他开始追着火车车厢跑，直到倒在地上，气喘吁吁，口吐白沫。

正如《死神的另一根肋骨》的叙述者所认识到的，梦本身似乎并不能引起这种恐怖："这当然是一个荒谬的、非理性的梦，但还不足以让人从睡梦中反复惊醒。"缺乏客观关联物的恐怖梦境似乎更加证明了对梦境进行不祥解释的必要性。这个梦还有一个奇怪的细节，"他者"被描述为"试图用剪刀挖掉他左眼的人"，这很可能是暗指布努埃尔导演拍摄的《一条安达鲁狗》（*Un Chien Andalou*）中的著名开场。[55]我们也可以把这个故事解读为俄狄浦斯神话的改写（俄狄浦斯意识到自己的真实身份后弄瞎了自己的双眼），这个神话在19年后成为创作《百年孤独》中发现真相（被诅咒的家族命运）一幕的神话基石。但是，考虑到小说的创作在时间上接近《图巴尔－卡因造星记》，我们也可以把《死神的另一根肋骨》解读为作者家庭里婚生子和私生子的斗争，就像《圣经》里的故事那样。有意思的是，私生子往往会被赋予不幸的结局，因此可以认为私生子的存在破坏了婚生子合法身份的首要地位。

《死神的另一根肋骨》回到了超自然的主题，但该书较为传统、缺乏想象力。书中没有对话，但有一种关于时间永恒的新意识的萌动，正如我们在故事的最后一段中读到的那样。叙述者看着他头顶天花板中间正在凝聚的一滴水珠，他沉思道：“也许那滴水中的房间会在一小时或者一千年内充满整个空间，溶解那些人的躯壳，那些虚无的物质，也许在短暂的瞬间里，那只不过是一种由蛋白质和乳清组成的黏稠混合物。”[56]

跟前面几个故事相比，《镜子的对话》（*Dialogue with the Mirror*）更细腻地表现了时间的流逝。[57] 在《三个梦游者的苦痛》（*Bitterness for Three Sleepwalkers*）中，对话表达有所提升，但直到在一年后出版的《蓝狗的眼睛》（*Eyes of a Blue Dog*）中，我们才看到言简意赅的对话和精练的俏皮话。[58] 故事以一个看似普通的家庭场景开头，随着故事的发展，一系列越来越引人入胜的俏皮话逐渐颠覆了这个场景：“‘我想我要着凉了，’她说道，‘这儿准是座冰城。’”小说通篇都是这种风格，语言简洁有力但又出人意料：“你是唯一一个醒来把自己的梦忘得一干二净的人。”这使读者的预期陷入混乱，因为读者在故事的叙述中建立了一定的认知，现在突然得知自己所认知的并不存在，这样就颠倒了该短篇小说中已经形成的“认知与无知”二分法。但在《六点钟到达的女人》（*The Woman Who Came at Six O'clock*）[59] 一书中，对话不仅简洁，语义上也能引起共鸣：

何塞走了过去，把他那张肿大的脸凑到那女人面前，用食指撑着一只眼皮。

“给我吹吹吧。”他说。

女人抬起头，一脸认真、烦恼，但随后又柔和起来，悲伤疲惫的她显得更美了。

“别傻了，何塞。你知道我已经六个月没喝酒了。”

在《纳沃，让天使们等候的黑人》（*Nabo: The Black Man who Made the Angels Wait*）中，我们第一次看到了加西亚·马尔克斯最难以捉摸的技巧——魔幻现实主义。小说中的纳沃已经死了，但他并不知道，我们作为读者也是逐渐发现的。纳沃在马厩里被马蹄踢中而死，一些天使试图说服他去天堂，加入他们的唱诗班。这些依次发生的超自然的事件以现实主义的方式呈现。纳沃好像还活着，他睡在马厩里，外面有一个人叫他醒来。“快醒醒，纳沃。你已经睡够啦。”这是天使的第一次劝告。但纳沃更感兴趣的是回忆他生活中的细节，同时也想知道曾经给他们唱过美妙歌曲的那些马现在在哪里。这个故事可以理解为纳沃被马踢了一脚，他没死但失去了理智，被关在马厩里，然后出现了幻听，也就是天使的声音。另一种解读是他已经死了，但还没有意识到这一点，由于没有证据来源辨别这些假设，很难确定哪一种解读更合适。事实上，作者是故意让这个故事保持模糊不清的。

两年后，加西亚·马尔克斯进一步完善了魔幻现实主义的技巧。在《有人弄乱了这些玫瑰》（*Someone Has Been*

Disarranging These Roses）中，[60] 鬼魂以一种毫无表情的自然方式对着我们说话。作者解释说，鬼魂想给自己的孩子的坟墓带一些玫瑰花，这些玫瑰花其实是他每个星期天去拜访的女人放在祭坛上的。这个故事故意讲得很模糊。鬼魂似乎是一个小男孩的鬼魂，他在马厩的楼梯倒塌时不幸身亡，鬼魂就像那女人的弟弟一样。然而，这一假设与另一种可能性不相符，即鬼魂是一个老年人的鬼魂，正如故事开头讲的那样，如果鬼魂是个小男孩，怎么可能会有个孩子？很明显，这个故事是围绕一种难题展开的，因为并不能把不同的部分拼凑到一起：

> 她这样在摇椅上一待就是二十年，缝缝补补，摇摇晃晃，眼睛看着那把椅子，仿佛她现在要照看的不是那个和她一起度过一个个童年午后的孩子，而是一个待在这里的有残疾的孙子，这孙子从他奶奶只有五岁的时候就一直坐在这里没动过窝。①

如果我们假定这个病弱的孙子就是那个“躯壳躺着，在蜗牛和草根之间变成了一堆杂乱的零碎”的孩子，那么我们的推论显然不合逻辑，因为很难想象一个被称作“孩子！孩子！”的人会有个孩子，还有一个孙子怎么可能“从他奶奶只有五岁的时候”就一直待在角落里。显然马尔克斯打乱了时间顺序和

---

① 摘自南海出版公司《蓝狗的眼睛》，陶玉平译。

因果关系，将不同世代的个体融合成一个人物。回过头来看，《有人弄乱了这些玫瑰》的确是一部非凡的小说，可以视作加西亚·马尔克斯在职业生涯中完善魔幻现实主义技巧的一个转折点，为他日后的成就抛出了一个引人注目的暗示。

注 释

1 加西亚 · 马尔克斯在接受胡安 · 古斯塔沃 · 科博 · 博尔达采访时透露自己的创作秘诀是“一分灵感，九分汗水”。

2 人们在两条路的拐角处设立了一块牌匾来纪念这个事件。

3 达索 · 萨尔迪瓦尔，《加西亚 · 马尔克斯传》，第 176 页。

4 讲述哥伦比亚暴力的经典著作有赫尔曼 · 古斯曼 · 坎波斯（Germán Guzmán Campos）的《哥伦比亚的暴力：社会进程研究》（*La violencia en Colombia: estudio de un proceso social*, Bogotá, 1977）。该书从道德的角度展开论述，但却在社会学上引发了有关暴力问题的辩论。

5 杰拉德 · 马丁，《加西亚 · 马尔克斯传》，第 106 页。

6 加西亚 · 马尔克斯，《活着为了讲述》，第 281 页。

7 加西亚 · 马尔克斯在《活着为了讲述》中提到了错误记忆，详见该书第 52 页和第 63 页。这些错误记忆在感觉上和真实记忆一样真实。

8 杰拉德 · 马丁在《加西亚 · 马尔克斯传》中写道：“加西亚 · 马尔克斯立即跑到案发现场，但是这时奄奄一息的盖坦已经被送去医院了。”

9 加西亚 · 马尔克斯，《活着为了讲述》，第 282 页。

10 同上书，第 283 页。

11 《该国最可怕的罪行是如何发生的》（*Cómo se llevó a cabo el crimen más horrendo cometido en el país*），载《时代报》（1948 年 4 月 12 日）。

12 海梅 · 基哈诺 · 卡瓦列罗，《波哥大的民族运动：由目击者重建 4 月 9 日的事件》（*Cómo nació el motín en Bogotá: una reconstrucción de los hechos del 9 de abril,por un testigo presencial*），载《时代报》（1948 年 4 月 12 日）。

13 达索 · 萨尔迪瓦尔，《加西亚 · 马尔克斯传》，第 195 页。

14 曼努埃尔 · 萨帕塔 · 奥利维拉（Manuel Zapata Olivella）后来创作了一部非凡的加勒比黑人小说——《天下第一大混蛋桑戈》。

见史蒂芬·哈特,《拉丁美洲文学指南》(*A Companion to Latin American Literature*, London, 2007),第 277—278 页。

15 有关加西亚·马尔克斯的新闻作品及其在小说中的奠基性作用,佩德罗·索蕾拉(Pedro Sorela)做过出色的研究,见佩德罗·索蕾拉的著作《另一位加西亚·马尔克斯:艰难岁月》(*El otro García Márquez:los años difíciles*, Madrid, 1988)。

16 豪尔赫·加西亚·乌斯塔(Jorge García Usta),《加西亚·马尔克斯是如何学会写作的》(*Como aprendió a escribir García Márquez*, Medellín, 1995),第 24 页。

17 克莱门特·曼努埃尔·扎巴拉在 1949 年 8 月 2 日的《环球报》上发表的一篇社论中写道:"对于那些想写作的人来说,即使是在保守党的统治下,语言法则也是有效的。而且,正如我们的宪法所告知的那样,对法律的无知不是违法的借口。"(加西亚·乌斯塔,《加西亚·马尔克斯是如何学会写作的》,第 21 页)他因用红笔修改记者的每一句话而闻名,加西亚·马尔克斯的文章也不例外。(《加西亚·马尔克斯是如何学会写作的》,第 68 页)加西亚·马尔克斯从 1949 年 6 月 24 日开始用笔名赛普蒂默斯(Septimus)写作。(《加西亚·马尔克斯是如何学会写作的》,第 91 页)加西亚·乌斯塔发现了马尔克斯在早期新闻写作中形成的技巧:"一个真实(尽管不同寻常)的事件经过幽默处理,通过事件的任意性揭示了社会背景的某些方面。"(《加西亚·马尔克斯是如何学会写作的》,第 135 页)

18 雅克·吉拉德编,《加西亚·马尔克斯:海岸文集:新闻作品》(*Gabriel García Márquez: textos costeños: obra periodística*, Madrid, 1981),第 59 页、第 63 页、第 72—73 页。

19 雅克·吉拉德,《加西亚·马尔克斯:海岸文集》,第 77—78 页。发表在《环球报》上文章的评论,见康拉多·苏尔瓦加·奥索里奥(Conrado Zuluaga Osorio),《敞开加夫列尔·加西亚·马尔克斯之门:接近哥伦比亚诺贝尔文学奖得主的作品》(*Puerta*

abierta a Gabriel García Márquez: aproximación a la obra del Nobel colombiano, Barcelona, 2001），第 31—35 页。

20 见纪录片《寻找加博》（*Buscando a Gabo*），2009 年 3 月 6 日在卡塔赫纳播出。

21 雅克·吉拉德发现并整理了马尔克斯在《环球报》专栏上发表的 38 篇文章，古斯塔沃·阿朗戈最近又发现了另外 5 篇文章，详见《勿忘我花束：加西亚·马尔克斯〈环球报〉》（*Un ramo de nomeolvides: García Márquez en El Universal,* Cartagena, 1995），第 138 页的注释。这 5 篇文章分别是《关于帕扬·阿彻的书》（*Sobre el libro de Payan Archer*），载《环球报》（1948 年 12 月 8 日）第四版；《星期五》（*Viernes*），载《环球报》（1948 年 6 月 24 日）第四版，署名赛普蒂默斯；《人口普查的贡献》（*Contribución a los censos*），载《环球报》（1949 年 10 月 2 日）；《电影中的贪婪》（*La vorágine en el cine*），载《环球报》（1949 年 10 月 23 日）第四版；《两位新律师》（*Dos nuevos abogados*），载《环球报》（1949 年 11 月 9 日）第四版。这些文章可以在《勿忘我花束：加西亚·马尔克斯〈环球报〉》中查阅，具体位置如下：第 156—158 页、第 161—162 页、第 158—159 页、第 159—160 页、第 137—138 页。目前尚不清楚为什么这些文本没有按时间顺序排列。

22 有关加西亚·马尔克斯在卡塔赫纳时与埃克托尔·罗哈斯·埃拉索（Héctor Rojas Herazo）等人的工作交往，见古斯塔沃·阿朗戈，《勿忘我花束》。加西亚·马尔克斯的作品与他的新闻写作和电影的关联，见胡安·克里斯托瓦尔（Juan Cristóbal），《加西亚·马尔克斯与媒体》（*García Márquez y los medios de comunicación*, Lima, 1999）。

23《拉埃斯佩兰萨附近的杀婴事件》（*Un infanticidio en el Barrio de La Esperanza*），见古斯塔沃·阿朗戈，《勿忘我花束》，第 251 页。

24 1949 年 10 月 27 日《环球报》上刊登的一篇报道可能是加西亚·马尔克斯所写，讲述了发生在卡塔赫纳的圣女法蒂玛（Fatima）朝圣的故事，马尔克斯可能借助这个故事创作了《爱情和其他魔鬼》中的一些细节。详见古斯塔沃 · 阿朗戈，《勿忘我花束》，第 2 页。康拉多 · 苏尔瓦加认为，加西亚 · 马尔克斯作为记者时的作品表明他的文笔并不总是那么好；1948—1952 年间，他经常过度使用“隐喻、提喻、转喻和夸张”等修辞手法。详见康拉多 · 苏尔瓦加，《加西亚 · 马尔克斯：无法克制的叙述癖》（*García Márquez: el vicio incurable de contar*, Bogotá, 2006），第 35 页。

25 达索 · 萨尔迪瓦尔，《加西亚 · 马尔克斯传》，第 223 页。

26 “长颈鹿”这个名字可能不仅是因为梅塞德斯的长脖子，还受到了西班牙诗人拉蒙 · 戈麦斯 · 德拉塞尔纳（Ramón Gómez de la Serna）对长颈鹿定义的启发。他曾将长颈鹿描述为“被好奇心拉长的马”，因为长颈鹿对人类的行为和文化充满了好奇心。（见加西亚 · 乌斯塔，《加西亚 · 马尔克斯是如何学会写作的》，第 154 页）加西亚 · 乌斯塔提供的一个例子特别有启发性，在加西亚 · 马尔克斯于 1950 年 3 月 9 日发表在《环球报》上的文章《为棺材辩护》中，有这样一句话：“死亡可能只是公民身份的改变。”（见《加西亚 · 马尔克斯是如何学会写作的》，第 167 页）

27 对巴兰基亚文学团体的精彩评论，见达索 · 萨尔迪瓦尔，《加西亚 · 马尔克斯传》，第 226—238 页。

28 2009 年 2 月 26 日，采访阿拉卡塔卡故居的官方向导鲁维埃拉 · 雷耶斯。

29 加西亚 · 乌斯塔对加西亚 · 马尔克斯在巴兰基利亚 – 加勒比海文学流派影响下的发展提出了质疑，因此责备雅克 · 吉拉德导致卡塔赫纳文学界受到了不公平的待遇。见加西亚 · 乌斯塔，《加西亚 · 马尔克斯在卡塔赫纳：他的文学起步》（*García Márquez en Cartagena: sus inicios literarios*, Bogotá, 2007），第 13—17 页。这本书试图把事情的来龙去脉说清楚。在书中，加西亚 · 乌斯塔指出，加西亚 · 马尔克斯在卡塔赫纳的报社里工作时，已经和他的同事们一起阅读和讨论福克纳和弗吉尼亚 · 伍尔夫等作家（第

73—81 页），他在卡塔赫纳时受到了戈麦斯·德拉塞尔纳的影响（第 125—149 页）。实际上，伊瓦拉·梅尔兰诺（Ibarra Merlano）记得，加西亚·马尔克斯在 20 世纪 40 年代末已在阅读福克纳和弗吉尼亚·伍尔夫的作品，并细致分析他们的写作技巧，探索他们的创作奥秘：“他（加西亚·马尔克斯）已经对福克纳和弗吉尼亚·伍尔夫有所了解。他带着他们的书，在书中做标注并画线，对内容进行精细的拆解。你会看到他研究观点、独白，以及纯粹小说技巧的所有伟大和细微之处。”（第 217 页）

30 除了卡塔赫纳的住宅和波哥大宽敞的复式公寓，加西亚·马尔克斯在墨西哥城还有一处主要住所，并且在古巴哈瓦那拥有一处“官方寓所”。

31 乔恩·李·安德森，《加博的力量》。

32 雅克·吉拉德，《加西亚·马尔克斯：海岸文集》，第 140 页。

33 同上书，第 156 页。

34 加西亚·马尔克斯，《活着为了讲述》西语原版，第 145 页。

35 纪录片《寻找加博》。

36 杰拉德·马丁，《加西亚·马尔克斯传》，第 150 页。

37 加西亚·乌斯塔，《加西亚·马尔克斯是如何学会写作的》，第 59—60 页。

38 同上书，第 60—61 页。

39 同上书，第 208 页。

40 见奥斯瓦尔多·罗德里格斯·希门尼斯（Osvaldo Rodríguez Jiménez），《民族文学领域的正统与异端：以加西亚·马尔克斯为例》（*Ortodoxia y heterodoxia en el campo literario nacional: el caso de García Márquez*）。加西亚·马尔克斯因此有一句名言：“哥伦比亚文学的乡土气息始于海拔 2500 米。”

41 西尔维亚·加尔维斯，《马尔克斯家族》，第 45 页。

42 达索·萨尔迪瓦尔，《加西亚·马尔克斯传》，第 286—287 页。

43 同上书，第 287—288 页。

44 同上书，第 288—289 页。

45 迈克尔 · 贝尔（Michael Bell）指出，“尽管‘双重人格’是现代主义小说中已经有些过时的技巧，但马尔克斯却为其注入了独特的形而上学的内涵”。见迈克尔 · 贝尔，《加夫列尔 · 加西亚 · 马尔克斯：孤独与团结》（*Gabriel García Márquez: Solitude and Solidarity*, London, 1993），第 17 页。

46 更多相关评论见史蒂芬 · 哈特，《加西亚 · 马尔克斯的短篇小说》（*García Márquez's Short Fiction*），载《加夫列尔 · 加西亚 · 马尔克斯研究指南》（*A Companion to Gabriel García Márquez*）。

47 加西亚 · 马尔克斯，《活着为了讲述》西语原版，第 297 页。

48 加西亚 · 乌斯塔，《如何阅读加夫列尔 · 加西亚 · 马尔克斯》（*Cómo leer a Gabriel García Márquez*, Madrid, 1991），第 14 页。

49 《第三次无可奈何》所有引文出自《纯真的埃伦蒂拉与其他故事》（*Innocent Eréndira and Other Stories*, London, 1981），第 68—75 页。

50 《埃娃在猫身体里面》所有引文出自《纯真的埃伦蒂拉与其他故事》，第 8—91 页。

51 有关卡夫卡对加西亚 · 马尔克斯小说的影响，请参考汉内洛尔 · 汉（Hannelore Hahn）的作品，《弗兰兹 · 卡夫卡对加西亚 · 马尔克斯三部小说的影响》（*The Influence of Franz Kafka on Three Novels by Gabriel García Márquez*, New York, 1993）。

52 1955 年 12 月，当时已经是著名画家的格劳与作为《观察家报》驻外记者的加西亚 · 马尔克斯在意大利西爱那见了面。在此之前，格劳于 1946 年在波哥大国家图书馆举办了他的第一次作品展。而在 1954—1955 年，格劳曾赴意大利学习。

53 巴尔加斯 · 略萨，《病态的史前（早期短篇小说）》[*A Morbid Prehistory (The Early Stories)*]。雷蒙 · 莱斯利 · 威廉斯（Raymond Leslie Williams）也认为，这篇小说实际上并未给出任何明确的结论，见《加夫列尔 · 加西亚 · 马尔克斯研究指南》（*A Companion to Gabriel García Márquez*, Woodbridge, 2010），第 3 页。

54 1948 年这部作品完成的时候，加西亚 · 马尔克斯的父亲仍然健在，所以故事中的父亲很可能是外祖父尼古拉斯 · 马尔克斯的投影。对加博来说，外祖父在阿拉卡塔卡的家里扮演着父亲的角色。

55 巴尔加斯 · 略萨将这篇小说描述为是“一个融合了痛苦和黑色幽默的超现实主义的梦”，见《病态的史前》，第 455 页。

56《死神的另一根肋骨》所有引文出自《纯真的埃伦蒂拉与其他故事》，第 76—82 页。

57 后文《镜子的对话》所有引文出自《纯真的埃伦蒂拉与其他故事》，第 92—97 页。

58 后文《蓝狗的眼睛》所有引文出自《纯真的埃伦蒂拉与其他故事》，第 102—107 页。

59 后文《六点钟来的女人》所有引文出自《纯真的埃伦蒂拉与其他故事》，第 108—117 页。

60 后文《有人弄乱了这些玫瑰》所有引文出自《纯真的埃伦蒂拉与其他故事》，第 118—121 页。

第三章

“都他妈的是倒霉的事情”[1]

虽然加西亚·马尔克斯对波哥大的看法一直不太好，但有评论家认为，哥伦比亚的首都波哥大激发了这位诺贝尔奖获得者的“人类学过敏症”，他显然需要这个安第斯山脉城市的约束，以开拓他作为记者和小说家的职业生涯。1954 年 1 月，阿尔瓦罗·穆蒂斯（当时是埃索石油公司的公关人员）邀请加西亚·马尔克斯到波哥大住一段时间，恰好《观察家报》为他提供了一份每月 900 比索的工作，这比在巴兰基亚的工资要高得多（《长颈鹿》专栏每篇仅 3 比索）。[2] 他接受了这份工作，因为这份工作不仅可以让他舒适地生活，对家庭经济问题也有帮助，[3] 而且，他还可以参加第七街莫利诺和阿斯图利亚举行的文人聚会，那可是当时哥伦比亚最好的文学沙龙。[4]

加西亚·马尔克斯在波哥大学到了新技能。1954 年 2 月 22 日，他开始担任《观察家报》的影评人，[5] 并成为哥伦比亚影评人的一位先驱。[6] 在这个时期，维托里奥·德西卡（Vittorio De Sica）的《偷自行车的人》（*Bicycle Thieves*）给他留下了最深刻的印象，因为这部作品贴近生活、刻画人性。[7]加西亚·马尔克斯当时的影评直言不讳，一点也没有妥协的意味，引起了波哥大电影发行商的不满。一些发行商甚至撤销了他们在《观察家报》上的广告。[8]很明显，加西亚·马尔克斯在用电影评论提炼自己对文学的看法。例如，1954 年 4 月 24 日的《观察家报》上，有一篇加西亚·马尔克斯对维托里奥·德西卡《米兰的奇迹》（*Miracle of Milan*）的评论。他认为这部电影融合了"寓言"和"赤裸裸的意大利现实主义"，做到了"让幻想人性化"。他还表示，电影的这一方面让他想起了《偷自行车的人》。在这部影片中，"奇妙的情节以一种巧妙的方式与现实中的元素融合在一起，以至于让观众忽视了其超自然的本质"。[9]这句话可以一字不差地用于评价他后来的小说《百年孤独》。他还将抽象的电影知识运用到具体实践中，参与了《蓝色龙虾》（*La langosta azul*）的拍摄，该片于 1954 至 1955 年在巴兰基亚拍摄，导演是阿尔瓦罗·塞佩达·萨穆迪奥（Álvaro Cepeda Samudio）。[10]从加西亚·马尔克斯的文集《纪事与报道》（*Crónicas y reportajes*）中，我们可以很好地了解到他作为一名记者的成长。文集收录了他从 1954 年 3 月到 1955 年 9 月为《观察家报》撰写的文章。前三篇文章发表于 1954 年 3 月，主要介绍了哥伦比亚沿海地区拉斯尔帕的魔法、迷信和民间传说。这个地方由一个叫"侯爵夫人"（La Marquesita）的西班牙人统治，《格兰德大妈的葬礼》（*Los funerales de la Mamá Grande*）中的"大妈"就是以她为原型，她能够命令蛇寻找并咬向她的敌人，还能同时在多个地方现身，甚至可以在水上行走。在拉斯尔帕，耶稣受难日是固定的，定在三月的最后一个星期五。这里的居民相信一些诅咒，比如猴子能被人神奇地塞进肚子里。[11] 加西亚 · 马尔克斯在文章中写道，拉斯尔帕对基督的崇拜达到了非同寻常的程度，以至于当地的木制基督雕像失踪后，村民们一整年什么都做不了。而且，如果抬着尸体走在颠簸的道路上，能听到尸体撞击棺材的声音，人们会认为死者很高兴。[12]

在这一时期，阿尔瓦罗 · 塞佩达 · 萨穆迪奥对加西亚 · 马尔克斯产生了决定性的影响，不仅影响了他的小说创作，也影响了他导演电影的兴趣，还让他认识了来自美国的新类型新闻报道。塞佩达 · 萨穆迪奥曾在美国待过一段时间，学过新新闻学，很明显这对加西亚 · 马尔克斯产生了影响。[13] 托马斯 · 埃洛伊 · 马丁内斯（Tomás Eloy Martínez）简明概括了两种不同的新闻风格：

> 旧式的新闻报道往往会说：“东南亚海域昨日遭受海啸袭击，已造成 X 人不幸遇难。据报道，巨浪向前推进数千米，席卷了多个城镇和城市……”；而新式新闻报道会这样起笔：“印度尼西亚爪哇岛的一个村庄，塔帕 · 拉斯帕通德（Tapa Raspatundra）正站在海岸边。突然，远处天际线上的一朵巨大的云彩预示着灾难即将到来……”向读者描绘海浪带来的恐惧，使读者与身处灾难中的角色产生

共情，引领读者深入事件的核心。[14]

1955年出版的《一个海难幸存者的故事》证实了加西亚·马尔克斯新新闻风格的成功。1955年2月28日，在从亚拉巴马州莫比尔前往卡塔赫纳的途中，哥伦比亚海军卡尔塔斯号驱逐舰上的20岁水手路易斯·亚历杭德罗·贝拉斯科（Luis Alejandro Velasco）和其他7名船员遭遇了海难。贝拉斯科的朋友们都死了，但他设法在木筏上靠吃海鸥和鱼活了10天，并且还与鲨鱼搏斗，最后在哥伦比亚南部的乌拉巴上岸。这让他的家人甚至整个国家都感到震惊，因为此时贝拉斯科早已被宣布死亡。加西亚·马尔克斯对贝拉斯科进行了“为期三个星期的详细采访，简直精疲力尽”。[15]采访的内容以第一人称的形式在《观察家报》上连载了14天，第一篇发表于1955年4月5日。这个故事轰动全国，该报的发行量翻了一番。[16]更有趣的是，故事的结尾还带有政治讽刺，因为贝拉斯科说驱逐舰翻沉的原因是装载了冰箱、电视和洗衣机之类的非法货物。官方否认了这一说法，但是《观察家报》在特刊中刊登了这次航行的照片，揭露了被掩盖的事实，哥伦比亚政府因此恼羞成怒，最终导致该报停刊。[17]

这个故事扣人心弦，已经展示了加西亚·马尔克斯作品的艺术性。他逐渐增加悬念，描述了贝拉斯科对未来航行的紧张，比如他在启航前一晚看了一部关于海难的电影，并因此对接下来的航程感到心神不宁；一名船员在72小时内葬身海底；

还强调了某些细节——总是在下午5点钟游回的鲨鱼，贝拉斯科腿部伤口的疼痛，海鸥的到来（让人想起《圣经》中叼着橄榄叶飞回诺亚方舟的鸽子，说明陆地就在附近）。故事中这些细节为读者提供了一种审美轮廓，显而易见的是，这将成为加西亚·马尔克斯风格的一个显著特征，即对幽灵幻影的写实性描述，比如贝拉斯科“看到”他已经溺水而亡的朋友海梅·曼贾雷斯（Jaime Manjarrés）坐在木筏上：

> 我实在太累了，把头靠在桨上，心想还不如一死了之。就在这时，我看见了水手海梅·曼贾雷斯，他坐在驱逐舰的甲板上，用食指指向港口的方向……我知道自己头脑清醒，完全清醒了。我能听到风的呼啸声和头顶上的海浪声。我感到又渴又饿，坚信海梅·曼贾雷斯和我一同在这艘救生筏上漂流。
>
> “你为什么没携带足够的水上船？”他问我。
>
> “因为我们离卡塔赫纳很近了。”我回答道。[18]

这14篇刊登完后，加西亚·马尔克斯立刻又出了书，大受欢迎。故事逐渐显露出政治色彩，揭示了哥伦比亚海军的严重腐败，这让哥伦比亚政府深感尴尬。显然，加西亚·马尔克斯需要到外面避一避了，直到风波平息。

加西亚·马尔克斯匆忙接受了《观察家报》驻欧洲记者一职，前往日内瓦。事实上，自传《活着为了讲述》戏剧化地描述了这一刻在他生命中的重要性，也正是在他开启欧洲探险时，小说戛然而止。1955 年，加西亚·马尔克斯并没有确定去欧洲的计划，当他第一次来到旧大陆时，可以理解他那种茫然的状态。他先去了巴黎，然后于 1955 年 7 月 17 日抵达日内瓦，在那里他报道了有苏联、英国、美国和法国参与的四国外长日内瓦会议。[19] 接着，他从日内瓦出发前往威尼斯，报道了威尼斯电影节。到了 10 月，在阿根廷纪录片导演费尔南多·比里（Fernando Birri）的帮助下，马尔克斯报名参加了著名罗马电影实验中心的导演课程。[20] 尽管他后来发现这门课程太过学术，但还是坚持学习了两个月。[21] 正是由于这段经历的激励，20 世纪 80 年代中期时，他决定在古巴建立一所类似的电影学校，而《梦中的欢快葬礼和十二个异乡故事》（*Doce cuentos peregrinos*）中最迷人的短篇小说也由此诞生。但对加西亚·马尔克斯来说，1955 年最难忘的是自己第一部小说《枯枝败叶》（*Leaf Storm*）的出版，该书被雷蒙·威廉斯（Raymond Williams）评价为"哥伦比亚第一部现代小说"。[22]

《枯枝败叶》是一部极其生涩难懂的小说，讲述一个医生上吊自杀后的故事，着重营造了一种压倒一切、令人窒息的氛围。马孔多镇上的所有人都憎恨这个医生，因为他曾经拒绝救治伤员。小说没有什么情节，叙事主要围绕各色人物对医生尸体的反应展开。医生的尸体躺在棺材里，就放在镇上最有权势的上校家的客厅里。书中还会穿插一些关于过去的回忆，比如医生何时来到镇上，他去上校家拜访，然后在上校家的外屋住了多年，以及大夫逐渐被香蕉公司职工医院的医生取代。故事发生在 1928 年 9 月 12 日，从下午 2 点 30 分开始，一个小男孩也就是上校的儿子来到家里，到下午 3 点时，棺材被抬到街上，放置在墓地旁边的一小块空地上。镇上的人非常憎恨大夫，他们不愿让大夫接受基督教葬礼。小说重新演绎了索福克勒斯的《安提戈涅》，克瑞翁国王让波吕涅刻斯暴尸野外。《枯枝败叶》的引言就出自《安提戈涅》（*Antigone*），这进一步强调了两部作品之间的关系。[23] 杰拉德 · 马丁认为，《枯枝败叶》是加西亚 · 马尔克斯小说中最具自传色彩的，“小说的中心人物是神圣的三位一体，形成了一个基于加比托、路易莎和尼古拉斯为原型的家庭传奇故事”，这使得加西亚 · 马尔克斯“在写作时幻想他的母亲从未真正爱过父亲加夫列尔 · 以利吉奥，所以，和母亲分离的人不是儿子加比托，而是父亲”。[24] 除了《枯枝败叶》中的恋母情结，小说的叙事艺术同样有趣，巧妙地从三个不同的角度展现了发现医生死亡后人们的意识活动，开始是孩子，然后切换到他的母亲伊莎贝尔，再到伊莎贝尔的上校父亲。最后，三人视角交叉，将叙事中的“我”转变为一家三代人的意识融合体。这种马赛克视角给人一种封锁在记忆中的情节和叙事感，从而让时间变得永恒。对女仆梅梅（医生的情妇）的描述，[25] 适用于小说中的所有人物：

> 很明显，那天晚上梅梅特别怀念当年的生活，似乎这些年来她的年龄一直静止不动，时间也根本没有流逝，直

到那天晚上回首往事，时间才又流动起来，她也才开始经历姗姗来迟的衰老。①

加西亚·马尔克斯认为，我们能记住过去，意味着时间是可逆的："然后一切都开始倒退，她说。"(《枯枝败叶》) 正如安赫尔·拉马所说，加西亚·马尔克斯的小说经常把时间描绘成"一种摆动的运动，把我们带回过去，又带到现实"。[26] 胡安·古斯塔沃·科博·博尔达也有类似的观点，他强调了"非现实过去时的使用，这种传奇过去时中的每一个意外都是必要的，这也概括了加西亚·马尔克斯小说的艺术特点"。[27]

在小说《枯枝败叶》的叙述中，存在着许多谜团，例如：大夫为什么自杀，梅梅去了哪里，以及为什么镇上的居民对医生如此仇恨（客观来说，他有一次拒绝照顾一些病人这一理由不足以导致镇民们如此强烈的仇恨）？也许这个故事最引人注目的地方是，虽然书名为《枯枝败叶》，但令人惊讶的是，它没有出现在叙事本身中——除了一些几乎是即兴的引用，比如伊莎贝尔的父母反对她去看电影，因为"它们是枯枝败叶的娱乐"。"枯枝败叶"的含义在小说相当诗意的序言中得到了解释，喻指香蕉公司的到来造成的破坏。

蓦地，香蕉公司好似一阵旋风刮到这里，在小镇中心

① 摘自南海出版公司《枯枝败叶》，刘习良、笋季英译。

> 扎下根来。尾随其后的是“枯枝败叶”，一堆由其他地方的人类渣滓和物质垃圾组成的杂乱、喧嚣的“枯枝败叶”。这是那场越来越遥远、越来越令人难以置信的内战的遗物。“枯枝败叶”冷酷无情。“枯枝败叶”臭气熏天，既有皮肤分泌出的汗臭，又有隐蔽的死亡的气味。在不到一年的时间里，它就把此前多次浩劫余下的瓦砾通通抛到镇上，并使乱七八糟的垃圾堆满街头。①

香蕉公司确实给小说中的一个人带来了灾难——医生。香蕉公司通过向工人提供医疗而剥夺了医生的生计，导致他失去了所有的病人，然后又含蓄地质疑他是否真的具备医生资质，因为新的立法要求所有专业人员登记他们的学位，这可能是医生自杀的原因。但这部小说并没有关注香蕉公司带来的许多灾难，最多只关注了一个医生的死亡。鉴于小说的标题及震撼的开篇序言，读者会假设“枯枝败叶”会是小说的首要重点，但它在文本中的明显缺失，表明加西亚·马尔克斯在这部小说中使用了冰山策略[28]——马孔多的主要悲剧发生在舞台外，一个读者不了解的地方，但读者却可以在舞台上看到它的影响。因此，《枯枝败叶》提出了一种可能性，即没有看到的比看到的更重要。事实上，这部小说有很多神秘之处，比如前文提到的梅梅发生了什么，医生为什么自杀的问题，但是这些都包含在

① 摘自南海出版公司《枯枝败叶》，刘习良、笋季英译。

更大的谜团中——“枯枝败叶”体现在哪里？[29]

20世纪50年代中期，加西亚·马尔克斯写了其他故事。他在尝试不同形式的短篇小说，精心打磨文章的篇幅并赋予其个性化的色彩。《伊莎贝拉在马孔多观雨时的独白》（*Monologue of Isabel Watching it Rain in Macondo*）重现了一个名叫伊莎贝尔的孕妇脑海中的想法，她被雨吓坏了。小说表达了加勒比地区大自然的毁灭性和无所不能，以及雨季里加勒比海的潮湿：“这时，雨下起来了。天空宛如灰色的胶冻，悬浮在我们头上。”雨持续不断，逐渐渗入他们的感官：“事实上自星期一以来，我们就没吃东西。我觉得自那时起，我们就不思饮食了。我们被这场雨弄得瘫痪、麻木了，在这场大自然的打击面前束手就擒。”

虽然加西亚·马尔克斯在这一时期创作的小说反映了他的加勒比抗争意识，但这本书是在他接受欧洲思想时写成的。1955年12月，他从罗马来到巴黎，在居亚斯路16号的法兰德斯旅店住了下来。[30]随后，厄运如约而至。哥伦比亚政府决定查封《观察家报》，而这是他唯一的收入来源。一夜之间，加西亚·马尔克斯身无分文。尽管没有钱，他还是决定留在欧洲。幸运的是，当时在委内瑞拉的普利尼奥·阿普莱约·门多萨给他找了一些自由撰稿的工作。问题是普利尼奥·阿普莱约·门多萨的汇票并不总是能按时送到。加西亚·马尔克斯相当巧妙地把这种经历转移到《没有人给他写信的上校》中，描绘了上校等待着他的来信的情节。[31]1956年底，加西亚·马尔克斯和巴斯克女演员塔奇亚·金塔纳（Tachia Quintana）经历了一段短暂而热烈的爱情，他们同住在阿萨斯街的一个房间。[32]但他一生的挚爱显然仍是那个初次见面时仅有9岁的梅塞德斯·芭莎，她还在哥伦比亚等着他回来。加博和梅塞德斯开始给对方写信，每周两到三封。[33]正是在书信往来中，他们意识到自己有多爱对方。甚至可以说，这是他们真正坠入爱河的时期。

现在看来，加西亚·马尔克斯在欧洲时写的新闻展现出前所未有的机智、敏锐、世界观和对历史的独特讽刺感。这些文章被收集在《当我幸福而尚未成名时》（*When I was Happy and Undocumented*）。例如，《世界上最著名的一年》以一个视图开始——加西亚·马尔克斯小说的惯用手法。安东尼·伊登（Anthony Eden）爵士在唐宁街10号向人群挥手告别，然后“与党内同僚决裂，最后一次拜访伊丽莎白女王后，递交了辞呈。他收拾行李，离开官邸，退出政治生涯”，这一切都发生在两小时内。[34]文章还收集了1957年的各种事件，通常强调的是奇怪的细节——亨弗莱·鲍嘉（Humphrey Bogart）去世前说“唯一正常的是我的银行账户”，安德烈·葛罗米柯（Andrei Gromyko）在苏联的势力下崛起，演员碧姬·芭铎（Brigitte Bardot）的低胸露肩衣服掉了下来。加西亚·马尔克斯在欧洲当记者时，从日常生活的角度出发，营造集体共情，完善了把读者带入故事核心的技巧。一篇关于意大利谋杀案的文章展示了他的写作技巧：

和妻子吃过晚饭后，维森特·埃尔南德斯·马尔瓦尔（Vicente Hernández Marval）到阳台上抽烟休息了一小时。晚上10点的时候，他离开了家，可谁知这成了他生命的最后一次。他是一名34岁的出租车司机，身材结实，健谈，还是基督教民主党的热情粉丝，也是虔诚的天主教徒。1952年3月24日那天，他最后一次离家前并没有做任何与平常不同的事情。他从傍晚6点起开着他的黑色水星出租车工作，8点30分回到家吃晚餐，他向妻子承诺会像往常一样在凌晨2点回来。但他第二天凌晨没有回来，直到报纸的最后一页报道了他和他朋友的消息，他们在车里被枪杀了。[35]

1957年，加西亚·马尔克斯与普利尼奥·阿普莱约·门多萨、普利尼奥·阿普莱约·门多萨的妹妹索莱达（Soledad）和路易斯·维亚尔·博尔达一起去了东欧国家。阿普莱约买了一辆雷诺汽车，并提出与加西亚·马尔克斯一起旅行。[36]他们去了东德、西德、捷克斯洛伐克、波兰、苏联和匈牙利。加西亚·马尔克斯后来写了一些关于他旅行的文章。这些文章收录在《社会主义阵营行纪》（*De viaje por países socialistas*）一书中，表明他的政治敏锐度正在提高。在某些方面，这位哥伦比亚作家的新闻报道与50年前塞萨尔·巴列霍（César Vallejo）对苏联的报道相似。加西亚·马尔克斯和巴列霍一样，他根据对当地地方和人民的印象以及所做过的调查研究，得出了关于共产主义国家生活的结论。但根据普利尼奥·阿普莱约·门多萨的说法，马尔克斯后来对共产主义和社会主义的兴趣源于他对古巴的天生同情。[37]

东欧之旅结束后，加西亚·马尔克斯前往伦敦逗留了六七个星期，表面上是为了学习英语，实际上是为了润色待出版的短篇小说。[38] 后来，普利尼奥·阿普莱约请求他前往委内瑞拉担任《时光》杂志的记者。于是，他在 1957 年 12 月 24 日抵达委内瑞拉。[39]1958 年 1 月，当马科斯·佩雷斯·希门尼斯（Marcos Pérez Jiménez）独裁统治被推翻时，加西亚·马尔克斯刚好在加拉加斯。他和其他人一样在街上欢欣鼓舞，庆祝这个历史性的时刻。加西亚·马尔克斯再次为他工作的出版物带来了魔力。1958 年 1 月 23 日，马科斯·佩雷斯·希门尼斯逃离委内瑞拉；第二天，普利尼奥·阿普莱约·门多萨和加西亚·马尔克斯合作出版了一期《时光》杂志，庆祝民主回归。这期杂志印刷了 10 万册，几小时内就被抢购一空。[40] 尽管取得了成功，《时光》杂志的编辑卡洛斯·拉米雷斯·麦格雷戈（Carlos Ramírez MacGregor）后来还是解雇了他们俩，原因是他们对于理查德·尼克松（Richard Nixon）在 1959 年 5 月访问委内瑞拉一事上持不同政见。[41]

加西亚·马尔克斯住在加拉加斯时，决定兑现多年前的提议和承诺。1958 年春天，他和普利尼奥·阿普莱约·门多萨以及一些朋友在加拉加斯的大咖啡馆（Gran Café）畅饮之时，突然看了看手表说：“该死，我要错过飞机了。”普利尼奥问他要去哪里，加西亚·马尔克斯说："我要去结婚啊！"[42]他离开了《时光》杂志社一段时间，飞往巴兰基亚，梅塞德斯·芭莎在那里等着他。他们于1958年3月21日在7月20日大街①的圣母教堂结了婚。[43]加西亚·马尔克斯的弟弟伊尤曾夸赞梅塞德斯美若天仙，有些像意大利女演员索菲亚·罗兰（Sophia Loren）。[44]随后，加西亚·马尔克斯携妻回到委内瑞拉，开始了他们的共同生活。[45]夫妻俩非常般配并且恩爱。有位朋友曾说："梅塞德斯是个实实在在的人，她负责看守家产，就像护着马尔克斯的母狮一样。如果没有她，加西亚·马尔克斯可能会完全迷失自我。"[46]1959年8月24日，他们的第一个孩子罗德里戈（Rodrigo）出生；三年后的1962年4月16日，他们又迎来了第二个儿子贡萨洛（Gonzalo）。

与此同时，拉丁美洲的政治局势也变得越来越不稳定。1959年1月1日，菲德尔·卡斯特罗在革命政变中将富尔根西奥·巴蒂斯塔（Fulgencio Batista）赶出了古巴。加西亚·马尔克斯和普利尼奥·阿普莱约·门多萨应邀前往古巴采访，参加菲德尔·卡斯特罗的"真理行动"；他们于1959年1月19日抵达哈瓦那，正是在这次访问中，加西亚·马尔克斯第一次会见了卡斯特罗。[47]加西亚·马尔克斯评论道："对于我们这些过去一年中一直生活在加拉加斯的人来说，1959年初哈瓦那狂热的

① 7月20日大街是波哥大的一条主要街道。哥伦比亚于1810年7月20日宣布独立，从此脱离西班牙殖民统治。为了纪念这一重要的日子，哥伦比亚将7月20日定为国庆日和独立日，该街道也因此得名。

气氛和创造性的混乱并不奇怪。”[48] 从此，加西亚 · 马尔克斯开始转向加勒比式共产主义。[49] 后来成立的古巴通讯社“拉丁美洲通讯社”计划在波哥大设立分支机构，并邀请加西亚 · 马尔克斯前去协助。1961 年 1 月，他受邀到拉美社纽约分支机构工作，并带着梅塞德斯和两岁的儿子罗德里戈一同前往，但他们的生活非常艰难。因为那里的工作人员经常接到反卡斯特罗的难民的辱骂电话。甚至连梅塞德斯也接到一通恐吓电话，电话中说他知道他们的住址，知道他们带过孩子去哪里散步（指中央公园）。[50]

1961 年 6 月，加西亚 · 马尔克斯一时冲动决定离开纽约，他带着梅塞德斯和小罗德里戈，乘坐灰狗巴士[①] 前往墨西哥。这是一次穿越福克纳笔下南方腹地的朝圣之旅，但在亚特兰大，他们遭遇了南方各州严重的种族歧视。因为他们被认为是墨西哥人，[51] 不被允许进入酒店，迎接他们的标示牌上写着“狗或墨西哥人不得入内”。在新奥尔良，普利尼奥 · 阿普莱约 · 门多萨从波哥大寄来一张 120 美元的支票，正等着他们去哥伦比亚领事馆领取。[52] 在去墨西哥的路上，加西亚 · 马尔克斯目睹了福克纳描绘的约克纳帕塔法县的可怕生活。[53] 炎热、尘土飞扬的城镇和绝望的人民，让他想起了自己在早期小说中描绘的阿拉卡塔卡的世界。[54] 加博、梅塞德斯和罗德里戈于 1961 年 6 月 26 日抵达墨西哥城。[55] 加西亚 · 马尔克斯努力寻找工作，终

① 美国跨城市的长途商营巴士。

在拉美社任职时的加西亚·马尔克斯。1959年拍摄于波哥大

于在当年 9 月，他同意担任古斯塔沃 · 阿拉特里斯特（Gustavo Alatriste）的两本流行杂志即《家庭》和《轶事》的编辑。[56] 他还写过电影剧本，回想起来，这种事情让他分了心。

1962 年对加西亚 · 马尔克斯来说意义重大，是他创作小说的“奇迹之年”。这一年他出版了三部重要作品：《恶时辰》（*La mala hora*）、《没有人给他写信的上校》和《格兰德大妈的葬礼》。三部作品有着明显的联系。[57]《恶时辰》中的一些角色能在其他两部中找到，比如格兰德大妈、唐 · 萨瓦斯、寡妇蒙蒂尔、伊莎贝尔，还有市长逼迫牙医拔牙的描写，是短篇小说集《格兰德大妈的葬礼》中《一天》（*One of These Days*）这一篇的情节加长版。和《没有人给他写信的上校》一样，《恶时辰》中的电影院老板必须询问当地神父，才能放映特定的电影。《恶时辰》描绘的是一个绝望的世界：镇长腐败、暴力并拥有无上的权力；居民生活在持续的恐惧中，因为清晨张贴在显眼处的“匿名帖”会公布社区成员犯下的各种罪行。这个世界也有法律弊病：一方面，被戴绿帽子的丈夫进行复仇（卡萨 · 蒙特罗射杀了和他妻子有染的帕斯托）；另一方面，镇长的手下残忍地杀害了一个被监禁的人。《恶时辰》的一些表达也出现在他后期的小说中，比如，镇长的声明“这是个幸福的小镇”，在《百年孤独》中也重复出现过。《恶时辰》不是传统意义上以情节为中心的小说，而是描写了对小镇的深刻印象：停滞不前、官员腐败、目标不定的暴力和永恒的地狱感。这就像在一个没有方向感的世界里，给小说情节强加了一种虚假的方向。

加西亚·马尔克斯。拍摄于 1962 年

《没有人给他写信的上校》是一部具有电影化特点和客观主义风格的小说，其篇幅为 100 页左右，生动地再现了 20 世纪 50 年代哥伦比亚的政治氛围。小说情节很简单，几乎没什么情节。主角是一个上校，他等一封信已经等了 15 年。他认为这封信即将送达，告知他退伍金的消息。小说的大部分内容都是关于上校和他的妻子为了生存做的各种事情，同时他们又努力维持着自己的尊严。故事发生在 20 世纪 50 年代，可能是 1956 年 10 月到 12 月（因为叙述中提了两次苏伊士运河危机）。全知的第三人称叙述者没有提供太多细节，而是让读者从旁白中构建人物的生活轮廓。我们很快就发现，上校和妻子因为失去儿子阿古斯丁而受到沉重打击。阿古斯丁的死因也在描述中逐渐浮出水面，他参与了反政府活动并为此付出了生命。这部中篇小说最难以捉摸的部分不是书名里提到的信，而是尽管上校和妻子饥饿难忍但拒绝出售的那只公鸡。公鸡具有象征意义，关系着左派意识形态、这对夫妇死去的儿子（公鸡曾经属于他）、人们对更光明未来的希望（小说结尾提到的“幻觉”），以及相当不祥的死亡。因此，公鸡代表人民即使面对最卑鄙的政治压迫也要生存下去的决心。正如鲁本 · 佩拉约所言，《没有人给他写信的上校》的主题是哥伦比亚权贵的腐败。[58]

加西亚 · 马尔克斯在巴黎时就一直创作《没有人给他写信的上校》。正如杰拉德 · 马丁所说，在某种程度上，这部小说以虚构的方式再现了他与西班牙女演员塔奇亚的恋爱日常。[59] 同样重要的是，小说传达了一种强烈的期待感。实际上，我们可以认为，加西亚·马尔克斯创造了一个哥伦比亚式的戈多形象："上校坐在烧着火的陶炉边，等着茶烧开……他觉得肚子里好像长出了许多有毒的蘑菇和百合。已是10月。"蘑菇和百合花在他体内生长的怪诞意象——这当然会让人想起加西亚·马尔克斯早期小说中对死亡的执着——展现了马尔克斯小说的个性化。对T.S.艾略特来说，4月是"最残忍的季节"，而在加西亚·马尔克斯个人的信息库中，10月总是与死亡、厄运和茶壶联系在一起。[60] 因此，在某种意义上，上校被视为作者马尔克斯的投影（他们都在等待着一张永远不会到来的支票，都觉得自己已经死了，都讨厌10月）。通过这个故事，我们可以看到小说的层次感，正如加西亚·马尔克斯所说："《没有人给他写信的上校》的出发点，是一个在巴兰基亚的市场等船下水的男子，他沉默不言、焦虑地等待着。几年后，在巴黎，我发现自己也同样焦虑地等待着一封来信、一张汇票，我与记忆中的那个男子有着同样的感受。"[61] 另外，还有童年记忆：外祖父在1899年至1902年的"千日战争"中为国家服务，他一直等待着他的退休金。第三个层次是政治层面的讽喻。因为这部小说也同样反映了哥伦比亚政治的紧张局势，特别是暴力事件带来的恐怖，这体现在上校的评论中，"这次的葬礼就是大事，这么多年了，他是我们这里第一个自然死亡的人"。他们的儿子阿古斯丁也死因不明。在第四个层面上，小说是根据维托里奥·德西卡的影片《风烛泪》（*Umberto D*）改编的；[62] 和加西亚·埃斯皮诺萨（García Espinosa）和蒂顿（Titón）一样，加西亚·马尔克斯这个时期的小说风格深受意大利新现实主义的影响。最后，小说中存在一些个人的、自传性的元素，反映了作者当时所处的情景，这些都表现在小说刻画的各种细节上，而这些细节源于他与塔奇亚的关系。

这就是加西亚·马尔克斯小说的魅力之处。就其创作来源而言，至少有五个层次，包括：（1）一个引人注目的视觉形象；（2）童年的记忆；（3）写作时从生活中提取的细节；（4）构建故事的文学技巧，即把技巧变为艺术（在《没有人给他写信的上校》中，这种技巧受到维托里奥·德西卡的启发，而在50年代初则是受卡夫卡的影响）；（5）文学隐喻酝酿出的政治讽喻，经常出现在即兴的对话中，实际上只是冰山一角。这五个层次相互融合，要用一把非常精致的刀子才能将其分离，正所谓真艺术不露人为的痕迹。例如，马尔克斯将塔奇亚的堕胎[63]与自由主义事业的失败神秘地联系在一起（上校已故的儿子阿古斯丁的离世涵盖了这两件事情）。这是加西亚·马尔克斯的小说具有真实感的部分原因，小说中五分之四是真实的，五分之一是虚构的。小说的真实感不仅来自对现实的反映，还来自被加工美化的真实情况，不过带了层艺术。小说是现实的，但里面的故事从未发生过。《没有人给他写信的上校》是一部杰作，它成功地将对国家命运的寓言嵌入到一对老夫妇日常生活的微小框架中。加西亚·马尔克斯的小说，尤其是他在50年代中后期的创作，经常描绘一个国家的潜在政治愤怒。用安赫尔·拉马的话说，“这个国家长期生活在暴力中，要么是公开暴力，要么是暗藏的威胁”。[64]

在短篇小说《格兰德大妈的葬礼》中，加西亚·马尔克斯开创性地在拉丁美洲文学中使用政治讽喻，以一个叫“格兰德大妈”的女人的葬礼来讽喻拉丁美洲后殖民时期怪诞的政治现实。该短篇小说是在1959年5月至6月写成的，[65]几乎可以看作对古巴革命中意识形态的直接回应。初看这个故事，并没有明确的内容将其定义为一部政治寓言小说，但是从大妈掌握的权力清单来看，人们会很容易地认为这个故事是一个寓言，旨在揭示西班牙征服者在过去和现在滥用权力、愚弄人民的愚蠢行为。当这个故事在20世纪60年代引起公众更多关注时，人们对它的反应是革命性的。所有的细节——特别是关于大妈声称占有的各种物质和抽象实体——逐渐将“叙述”（récit）变成了归谬法（reductio ad absurdum）。比方说，大妈怎么可能拥有这些：

> 地下资源、领海、国旗的颜色、国家的主权、传统的各种政党、人权、公民的权利、最高法官、第二轮审判、第三次辩论、介绍信、历史的证据、自由选举、选出的历届美女、那些有影响的演说、大规模的示威游行、漂亮出众的小姐们、举止端庄的先生们、拘泥呆板的军人、尊敬的阁下、最高法院、禁止进口的商品、自由派的女士、肉的问题、语言的纯洁性、世界的范例、司法程序、自由而又负责任的新闻事业、南美的女神、公众的舆论、民主选

举、基督教的道德、办汇的短缺、避难权、国家的库存、生活费用上涨、共和派的传统、受损害的阶级，以及联合通报。[①]

还有什么比这更怪异或讽刺的描述，充分说明拉丁美洲的地方首领们因为没有反对的声音而将权力据为己有？拉丁美洲寡头政治颁布的法令、特权和禁忌融合在一起，有哪位作家曾用如此赤裸裸的语言描述过这背后的空洞？[66] 既没有另一个议院的忠诚异议，也没有下层的声音可以倾听，那么大庄园主们就可以轻易地僭取特权，好像他们是上帝似的。鉴于这个故事写于 1959 年，加西亚 · 马尔克斯在小说里抨击了拉丁美洲殖民统治的荒唐与专横，因此，虽没有明确表明他支持古巴革命反殖民主义思想，但却隐含着这样的含义。事实上，《格兰德大妈的葬礼》这部小说可以被视作一封寄给菲德尔 · 卡斯特罗的热情洋溢的自我介绍信，以及对 20 世纪 60 年代激情岁月所代表的一切的赞誉，因为小说讽刺了拉丁美洲的征服者——实际上是西班牙裔拉丁美洲的继承者——所主张的荒诞特权和权力。[67] 这部小说显然蕴含着激进的反殖民主义解读元素，但这并不是绝对的，甚至有可能被一些历史主义批评家认为是过于武断的解读。尽管如此，这种潜在的激进解读仍存在于文本之中。另一种解读是，小说可以被看作对热带地区懒散状态的描

---

① 摘自时代文艺出版社《马尔克斯中短篇小说集》，何裳译。

绘。加西亚·马尔克斯曾表示，这部小说呈现了“一种相对静止和排他性的现实视野”。[68] 罗宾·菲迪恩（Robin Fiddian）对比了这个故事和马尔克斯在20世纪50年代中后期作品中的“单调”描写，认为它“让人想起罗西里尼（Rossellini）和维托里奥·德西卡”。当然，有一些群体，比如20世纪60年代早期的古巴、法国或美国的左翼知识分子，以及苏联的政治精英，可能会窃笑这个政治寓言的明显含义。但是，我们不妨把它简单地当作一篇带有很多意图和含义的短篇小说，涵盖了政治和其他方面，这些含义未必就是事先设计或确定的。

加西亚·马尔克斯能够写出强有力、高度可视的短篇小说，对话精练，描述细致且富有氛围感。例如，《礼拜二午睡时刻》（*La siesta del martes*）的第一段有许多精心挑选的细节（对称而无边的香蕉种植园；随着火车远离海岸向内陆行驶，微风逐渐减弱；装有电风扇的办公室；棕榈树），让读者在脑海中形成了一个生动的视觉画面。在该作品中，事件的评论很少，叙述采用了客观视角的镜头，逐渐让读者意识到事件的重要性。我们跟随一位未命名的女性和她的女儿旅行，后来才逐渐了解到她为了向被杀害的儿子致哀前来，而儿子是在试图闯入一个名叫雷薇卡的女人的家时被杀害，这一点是在故事讲述了一半后才得知的。[69] 对话简洁并具有讽刺意味，其中一段对话尤为卓越。女人告诉神父：“每吃一口饭，都好像尝到礼拜六晚上她们打我儿子时的滋味。”神父说：“上帝的意志是难以捉摸的。”《咱们镇上没有小偷》（*En este pueblo no hay ladrones*）的结尾也出现了转折。罗克透露，他会让达马索偿还他“被盗”的 200 比索和台球。

这些故事是哥伦比亚香蕉种植区生活的缩影，犹如一个个倒映在暗箱中的场景，只有串联起来一起阅读，才会更有意义。因此，在《巴尔塔萨的一个奇特的下午》（*La prodigiosa tarde de Baltasar*）中，巴尔塔萨没有向何塞·蒙蒂尔的儿子索要鸟笼的钱，而是将它送给了他。这场交易显然是得不偿失的，但实际上是一场真正的胜利。正如我们在《寡妇蒙蒂尔》（*La viuda de Montiel*）中所阅读到的那样，蒙蒂尔是一个邪恶的暴君，因此《巴尔塔萨的一个奇特的下午》是一个弱者战胜一切困难的胜利故事。通过拒绝索要报酬，巴尔塔萨解构了资本主义。这些故事类似于全视监狱，呈现了马孔多的世界，而这个世界在五年后汇聚在《百年孤独》的矩阵中。在《周六后的一天》（*Un día después del sábado*）中，我们发现死在蕾维卡家的小偷是何塞·阿卡迪奥·布恩迪亚，即上校的兄弟，我们将在《百年孤独》中会再次见到他。[70] 有些故事的结尾没有定论，如《寡妇蒙蒂尔》、《周六后的一天》、《纸做的玫瑰花》（*Artificial Roses*），仿佛加西亚·马尔克斯在磨炼他的叙事技巧，为《百年孤独》做准备。

短篇小说《一天》是当之无愧的杰作，正如罗宾·菲迪恩所指出的，它写于 1958 年 3 月之前，[71] 也是加西亚·马尔克斯作品中政治寓言最明显的例子之一。小说仅有四页长，借由牙医奥列利奥·埃斯科瓦尔与当地未具名的市长间的滑稽竞争，勾勒出更为广阔的背景。埃尔内斯托 · 博肯宁（Ernesto Volkening）说："牙痛在文章中被赋予了形而上学的意义，迫使患者面对自己作为一个孤独的专制者的生活悲剧。"[72] 牙医强迫市长在没有麻醉的情况下拔牙，并在拔牙时说："现在你将为我们死去的 20 个人付出代价。"这说明市长一直在压迫当地民众，并且肆无忌惮地杀害了 20 名政治对手（"自由派"的牙医站在他们那边）。小说的亮点在于其夸张的结尾：

> "把账单送来。"他说。
>
> "送给你还是送到市政厅？"
>
> 市长没有看他。他关上门，透过屏风说：
>
> "都他妈的是倒霉的事情。"

这就像象形文字一样，在有罪不罚、腐败和国家权力之间画上了等号，揭开了自征服以来束缚拉美国家话语权的面纱。短短几行文字昭示了政治寓言在拉美的诞生，让深谙文学艺术之道的 T.S. 艾略特之辈都为之汗颜。

注 释

1 “都他妈的是倒霉的事情”是马尔克斯的短篇小说《一天》结尾处市长所说的话。

2 加西亚·马尔克斯加入了一个优秀的团队。1954 至 1955 年,《日复一日》专栏由希列尔莫·卡诺(Guillermo Cano)、贡萨洛·冈萨雷斯和爱德华多·萨拉梅亚·博尔达(Eduardo Zalamea Borda)撰写。见雅克·吉拉德,《加夫列尔·加西亚·马尔克斯:新闻作品:在波哥大市民中》(*Gabriel García Márquez: Obra periodística iii: Entre cachacos*, Bogotá, 1983),第 6 页。

3 雅克·吉拉德,《加夫列尔·加西亚·马尔克斯》,第 5—72 页。

4 达索·萨尔迪瓦尔,《加西亚·马尔克斯传》,第 218 页。

5 雅克·吉拉德,《加夫列尔·加西亚·马尔克斯》,第 8 页。

6 达索·萨尔迪瓦尔,《加西亚·马尔克斯传》,第 307—308 页。

7 雅克·吉拉德,《加夫列尔·加西亚·马尔克斯》,第 37 页。

8 同上书,第 27—31 页。

9 同上书,第 142—144 页。

10 同上书,第 21—22 页。

11《拉斯尔帕的侯爵夫人》(*La Marquesita de la Sierpe*),见《纪事与报道》,第 11—18 页。

12《欢乐的亡者》(*El muerto alegre*),见《纪事与报道》,第 43—50 页。

13 雅克·吉拉德,《加夫列尔·加西亚·马尔克斯》,第 53 页。

14 胡安·克鲁斯(Juan Cruz),《托马斯·埃洛伊·马丁内斯:数字匿名推动了黄色新闻》(*Tomás Eloy Martínez: El anonimato digital potencia el periodismo amarillo*)。

15 加西亚·马尔克斯,《活着为了讲述》,第 472 页。

16 同上书,第 473—475 页。

17 加西亚·马尔克斯《一个海难幸存者的故事》:“一个在漂流木筏上度过 10 天、没有吃喝的幸存者的故事,他被国家视为英雄,被美女亲吻，因广告变得富有，然后被政府憎恶并永远被遗忘。”

18《一个海难幸存者的故事》，第38—39页。在该书前言中，加西亚·马尔克斯提到希望把版税付给贝拉斯科（第10页），此后14年里，版税一直归贝拉斯科所有，直到贝拉斯科受到一些法律建议的鼓动起诉加西亚·马尔克斯，但法院的判决是加西亚·马尔克斯胜诉。此后，加西亚·马尔克斯将版税捐给一个教育基金会。

19 杰拉德·马丁，《加西亚·马尔克斯传》，第183—184页。

20 达索·萨尔迪瓦尔，《加西亚·马尔克斯传》，第335页。

21 同上书，第337页。

22 雷蒙·威廉斯，《哥伦比亚小说与权力：1844—1987》（*Novela y poder en Colombia, 1844–1987*, Bogotá, 1991），第143页。

23 更多细节请参阅佩德罗·拉斯特拉（Pedro Lastra）的文章《作为〈枯枝败叶〉结构基础的悲剧》（*La tragedia como fundamento estructural de La hojarasca*）。

24 杰拉德·马丁，《加西亚·马尔克斯传》，第145页。

25 毫无疑问，这个角色的原型是住在阿拉卡塔卡外祖父家里的同名家仆，《活着为了讲述》第77页中写道：“我不认识梅梅，她是家里从巴兰卡斯带过来的瓜希罗女奴，在一个风雨交加的夜晚，她和还是个少年的弟弟阿利里奥跑了。我常听家里人说，他们俩老是说自己的方言，弄得家里的语言都不纯正了。”梅梅居住的仆人居所，是阿拉卡塔卡马尔克斯家的老宅中唯一保存至今的建筑。

26 安赫尔·拉马，《加西亚·马尔克斯：国民和大众艺术的建构》（*García Márquez, edificación de un arte nacional y popular*, Montevideo, 1987），第35页。在研究中，拉马还注意到《枯枝败叶》中三段独白的对应关系（第36—42页）、腐烂的主题（第45—46页）、新闻写作和电影对马尔克斯作品的重要性（第47—55页）、哥伦比亚暴力冲突小说的传统（第56—59页），以及马尔克斯如何将焦点放在暴力爆发前后的和平时期，从而对这类题材的小说进行改写（第60页），最后，拉马分析了《百年孤独》的时间安排与结构

（第 68—105 页）。

27 胡安·古斯塔沃·科博·博尔达，《围绕加夫列尔·加西亚·马尔克斯的循环》（*Vueltas en redondo en torno a Gabriel García Márquez*），载《探寻加夫列尔·加西亚·马尔克斯的足迹》（Para llegar a García Márquez, Bogotá, 1997），第 85 页。

28 加西亚·马尔克斯曾表达过他对海明威文学冰山理论的钦佩。冰山只有八分之一可见，八分之七隐藏在海面之下：“于是，我意识到每个句子、每个情节、创作时的每个风险，下面都有八分之七在支撑着。我首先要做的是写出读者可见的部分，然后再研究表面之下的八分之七，以防有任何矛盾之处。”以利吉奥·加西亚·马尔克斯（Eligio García Márquez），《追寻梅尔基亚德的线索：〈百年孤独〉的故事》（*Tras las claves de Melquíades: historia de 'Cien años de soledad'*, Bogotá, 2001），第 466 页。

29 关于创作方式从《枯枝败叶》到《百年孤独》的转变，请参阅罗伯特·路易斯·西姆斯（Robert Louis Sims），《加西亚·马尔克斯神话的演变：从〈枯枝败叶〉到〈百年孤独〉》（*The Evolution of Myth in García Márquez: From 'La hojarasca' to 'Cien años de soledad'*, Miami, 1981）。

30 杰拉德·马丁，《加西亚·马尔克斯传》，第 195 页。

31 2008 年 12 月 8 日，普利尼奥·阿普莱约·门多萨在伦敦城市大学的演讲中提到了这一观点。

32 达索·萨尔迪瓦尔，《加西亚·马尔克斯传》，第 349—350 页。

33 加西亚·马尔克斯与梅塞德斯结婚后定居于卡拉卡斯，他要求妻子销毁这些共有 650 页的信件。梅塞德斯同意了，收取 100 玻利瓦尔作为象征性的报酬后，将信件全部烧毁。见杰拉德·马丁，《加西亚·马尔克斯传》，第 243 页。

34《世界上最著名的一年》（*El año más famoso del mundo*），载《当我幸福而尚未成名时》，第 11—28 页。

35《虽被判 20 年牢狱之灾，但他们清白无辜》（*Condenados a 20 años,*

pero son inocentes)，载《当我幸福而尚未成名时》，第 119—131 页。

36 达索 · 萨尔迪瓦尔，《加西亚 · 马尔克斯传》，第 353 页。

37 内容参考 2008 年 12 月 8 日普利尼奥 · 阿普莱约 · 门多萨在伦敦城市大学的演讲。另见依兰 · 斯塔文斯（Ilan Stavans），《加夫列尔 · 加西亚 · 马尔克斯：早年》（*Gabriel García Márquez: The Early Years*, New York, 2010），第 9 页。

38 达索 · 萨尔迪瓦尔，《加西亚 · 马尔克斯传》，第 362 页。

39 同上。

40 同上书，第 367—368 页。

41 同上书，第 375—376 页。

42 杰拉德 · 马丁，《加西亚 · 马尔克斯传》，第 236 页。

43 同上书，第 239 页。

44 同上。

45 达索 · 萨尔迪瓦尔，《加西亚 · 马尔克斯传》，第 372—373 页。

46 乔恩 · 李 · 安德森，《加博的力量》。

47 安赫尔 · 埃斯特万（Angel Esteban），斯蒂芬妮 · 帕尼切利（Stephanie Panichelli），《加博和菲德尔：友谊的风景》（*Gabo y Fidel: el paisaje de una amistad*, Bogotá, 2004），第 38 页。

48 史蒂芬 · 敏塔（Stephen Minta），《加夫列尔 · 加西亚 · 马尔克斯：哥伦比亚的作家》（*Gabriel García Márquez: Writer of Colombia*, London, 1987），第 59—60 页。

49 正如史蒂芬 · 敏塔所言："加西亚 · 马尔克斯对古巴革命的热情至今未减。如果说他对革命后来的发展保留了一些私人意见，那他从未怀疑革命的意义远远大于它的局限性。"（《加夫列尔 · 加西亚 · 马尔克斯：哥伦比亚的作家》，第 59 页）多年以来，加西亚 · 马尔克斯一直利用他对卡斯特罗的个人影响，为一些古巴作家和不受欢迎人士寻求政治庇护，如阿曼多 · 巴利亚达雷斯（Armando Valladares）、塞维罗 · 萨尔杜伊（Severo Sarduy）的父母、埃莱西奥 · 迭戈（Eliseo Diego）的儿子埃莱西奥 · 阿尔贝托

（Eliseo Alberto），还有诺伯托·富恩特斯（Norberto Fuentes）。见《加博和菲德尔：友谊的风景》第 246—247 页。

50 杰拉德·马丁，《加西亚·马尔克斯传》，第 264 页。

51 以利吉奥·加西亚·马尔克斯，《追寻梅尔基亚德的线索》，第 437 页。

52 同上。

53 同上书，第 438 页。

54 同上。

55 杰拉德·马丁，《加西亚·马尔克斯传》，第 271 页。

56 同上书，第 278—289 页。

57 关于《恶时辰》和《没有人给他写信的上校》重叠部分的讨论，请参阅乔治·R. 麦克默里（George R. McMurray），《加夫列尔·加西亚·马尔克斯传》（*Gabriel García Márquez*, New York, 1977），第 21—46 页。

58 鲁本·佩拉约（Rubén Pelayo），《加夫列尔·加西亚·马尔克斯：文学批评指南》（*Gabriel García Márquez: A Critical Companion*, Westport, 2001），第 54 页。

59 杰拉德·马丁，《加西亚·马尔克斯传》，第 206—207 页。

60 见《艾略特诗选》（*T.S.Eliot:Selected Poems*, London, 1975）第 51 页，《荒原》第一行。

61 普利尼奥·阿普莱约·门多萨，《番石榴飘香》，第 26 页。另见本·博克斯（Ben Box），《加西亚·马尔克斯：〈没有人给他写信的上校〉》（*García Márquez:'El coronel no tiene quien le escriba'*, London, 2000），第 9 页。《没有人给他写信的上校》深入研究了意大利新现实主义电影技术的运用，请参阅埃尔默·莫里略·瓦尔德拉马尔（Elmer Morillo Valdelamar）的硕士论文，《加西亚·马尔克斯与电影语言：〈没有人给他写信的上校〉中的视觉和电影写作》（*García Márquez y el lenguaje fílmico: visión y escritura cinematográfica en El coronel no tiene quien le escriba*）。研究中提

到以下内容：背景的使用（第26—27页）；物体的描述（第28页）；匿名的使用（第29页）；道德主义（第30—33页）；场景突现（第34—35页）；信息的逐步传递（第35—38页）；简洁的对话（第38—41页）；频繁使用的视觉参考，如对周五邮船到达的描述（第42—47页）；电影视觉和听觉效果的运用，即引导读者"看到"一系列动作或"听到"声音，比如表示宵禁的钟声（第47—51页）。

62 杰拉德·马丁，《加西亚·马尔克斯传》，第211页。

63 同上书，第213页。

64《美国暴力小说家》(*Un novelista de la violencia americana*)，载《对加西亚·马尔克斯的九次围困》(*9 asedios a García Márquez*, Santiago de Chile, 1969年)，第106—125页。

65 达索·萨尔迪瓦尔，《加西亚·马尔克斯传》，第356页。

66 菲利普·斯万森（Philip Swanson）认为，《格兰德大妈的葬礼》对"拉丁美洲寡头政治统治影响"进行了讽刺。见《如何阅读加夫列尔·加西亚·马尔克斯》(*Cómo leer a Gabriel García Márquez*, Madrid, 1991)，第26页。

67 请查阅埃德加·帕埃万斯基－康德（Edgar Paiewonsky-Conde）的文章，《写作作为革命行为：〈格兰德大妈的葬礼〉》(*La escritura como acto revolucionario: Los funerales de la Mamá Grande*)，载安娜·玛丽亚·埃尔南德斯·德洛佩斯（Ana María Hernández de López），《聚焦加夫列尔·加西亚·马尔克斯》(*En el punto de mira: Gabriel García Márquez*, Madrid, 1985)，第33—53页。

68 菲利普·斯万森，《如何阅读加夫列尔·加西亚·马尔克斯》，第22页。

69《礼拜二午睡时刻》，载《故事：1947—1992》(*Cuentos* 1947-1992, Bogotá, 1999)，第113—120页。

70《礼拜二午睡时刻》中这个小偷的名字是卡洛斯·森特诺。

71 罗宾·菲迪恩，《加西亚·马尔克斯：〈格兰德大妈的葬礼〉》

(*García Márquez: Los funerales de la Mamá Grande*, London, 2006)。

72《为了糟糕的时刻》(*A propósito de La mala hora*)，载《对加西亚·马尔克斯的九次围困》，第 164—173 页。

第四章

“就算是我，也无法忍受自己的性格”

2007 年 12 月，在新拉美电影基金会见到加西亚 · 马尔克斯时，我告诉他，能见到美洲的塞万提斯我感到荣幸之至。马尔克斯听了我的话后非常尴尬，告诉我不要这样称呼他，因为包括当时在场的加西亚 · 埃斯皮诺萨很多好友都无法忍受他的性格，他接着说道，“就算是我，也无法忍受自己的性格”。马尔克斯性格中这种双重性，对于那些研究过他作品的人来说，并非什么新鲜事。我们在博尔赫斯的著名文章《博尔赫斯与我》里面发现了类似的分裂感：

> 这样的事情发生在另一个人即博尔赫斯的身上。我漫步在布宜诺斯艾利斯街头，然后放慢脚步，也许相当机械地看着拱门和拱门的顶角，我通过张贴的公告了解到博尔赫斯，在教授名单或传记词典中看到了他的名字。如果说我们是敌对关系，或许有些夸张；我待他如待己，因此，博尔赫斯就可以写他的文学，而文学又证明了我的存在。

于是乎，我逐渐对他放弃了一切。[1]

众所周知，博尔赫斯的作品对加西亚·马尔克斯产生了至关重要的影响，尤其在 20 世纪 40 年代和 50 年代，因此，日常的自我和作家的自我之间出现的类似分裂让加西亚·马尔克斯颇感困扰，这也并非不可想象，尤其在《百年孤独》出版前的几年间特别明显。博尔赫斯的困境过去是无解的难题，现在仍然是。他在《博尔赫斯与我》的文章结尾说道："我不知道究竟是哪个自我在写这一页。"我必须强调，博尔赫斯的困境给我们提供了一条线索，帮助我们解释现实和想象在加西亚·马尔克斯的作品中所发挥的作用。[2]

很多人认为《百年孤独》为马尔克斯赢得了诺贝尔文学奖，那么我们先回到这部作品出版前的岁月吧。此时在墨西哥城，加西亚·马尔克斯在忙着编剧，写出了几部电影剧本，包括根据胡安·鲁尔福（Juan Rulfo）同名小说改编而成的《金色公鸡》（*The Golden Cockerel*），由奥图罗·利普斯坦（Arturo Ripstein）导演的《大限难逃》（*Time to Die*）。[3] 1964 年 10 月，他又参加了根据自己的短篇小说改编的电影《城中无贼》（*There are No Thieves in This Town*）的拍摄工作。该片于 1965 年 9 月首映，加西亚·马尔克斯在影片中扮演了检票员，路易斯·布努埃尔（Luis Buñuel）扮演了神父，胡安·鲁尔福则扮演了一名多米诺骨牌赌客。[4] 虽然影片有些怀旧的魅力，但回想起来，加西亚·马尔克斯显然是在"划水"，逃避他作为小说家的命运。[5]1972 年，他告诉威廉 · 肯尼迪（William Kennedy），那段在墨西哥城的日子令人窒息：“我在那些电影中所做的一切都不是出于自己的想法，而是每个人的想法整合在一起的合作成果，包括导演和演员。我所做的很有限，所以我开始认识到只有在小说中，作家才可以掌控一切。”[6] 可见，他当时已经意识到自己对电影的迷恋达不到他预期的目的，于是又转而写小说。他在接受费尔南德斯 – 布拉索的采访时说道：

> 我一直认为，电影具有巨大的视觉力量，是完美的表达媒介。我在《百年孤独》之前所写的书都因电影这种必然的魅力而丧失了活力。它们过度渴望形象化人物和场景的变化、对话时间和行动时间之间的细微关系，甚至痴迷于展示叙事视角和叙述框架。然而，在电影行业工作期间，我意识到什么可为，什么不可为。在我看来，图像相对于其他叙事元素的主导地位当然是一种优势，但也是一种局限，而这一切让我有了一个惊人的发现，因为我意识到小说有无限的可能性。[7]

这是加西亚 · 马尔克斯人生中的一个关键转折点，并导致了一种焦虑感，1965 年他在墨西哥城接受路易斯 · 哈斯（Luis Harss）的采访时表现得非常明显。1964 年 9 月至 1966 年 8 月，路易斯 · 哈斯和芭芭拉 · 多曼（Barbara Dohmann）采访了当时所有重要的拉丁美洲文学人物。[8] 哈斯的采访记录富有想象力和洞察力，让我们看到了作家加西亚·马尔克斯的紧张不安、自我专注和自我迷恋：

> 他有一种以自己的思想刺激自己的方法。此时，夜晚弥漫着芳香，充满了惊喜，他像一个接受精神分析的患者一样躺在床上，熄灭了香烟。他语速很快，极力捕捉划过脑海的思绪，把思绪像纸飘带一样缠绕又打开，一端接着一端，但在他固定下来之前思绪却飘然而止。他用随意而低沉的语调表明他正在制定一种粗枝大叶的策略。他有一种窃听自己说话的方式，就好像他试图偷听隔壁房间的谈话一样。没有说出口的那部分才是重要的。[9]

这段描述非常特别，指出了加西亚·马尔克斯的双重性特征。路易斯·哈斯曾见过加博表现出双重性，而且像塞萨尔·巴列霍一样写关于自己的诗歌（如《塞萨尔·巴列霍已死》《塞萨尔·巴列霍，我温柔地恨你》），[10] 有时候惊奇地把自己视为他人。哈斯把他看作接受精神分析的人，他竭力挣脱内心的加西亚·马尔克斯的压制。

20世纪60年代中期，哈斯去见加西亚·马尔克斯时，这位作家正在内心深处酝酿他的鸿篇巨制——《百年孤独》。普利尼奥·阿普莱约·门多萨问马尔克斯，据说他从18岁起就试图写一部小说，而这部小说就是《百年孤独》，这是否属实。马尔克斯答道："没错，我当时称它为《房子》，因为我认为整个故事都会发生在布恩迪亚的房子里。”[11] 在这次采访中，他提到这个故事在他脑海中“旋转”了“整整五年”。“我找不到合适的风格。对我来说，故事一定要真实可信。”[12] 不久后发生的事情给了马尔克斯写作整部小说的灵感。1965 年 7 月 9 日，他决定带家人去阿卡普尔科度假。他从墨西哥城驱车前往目的地的途中，小说突然出现了：“有一天，当梅塞德斯和我带着孩子们开车去阿卡普尔科时，那个念头一闪而过。我要以我祖母给我讲故事的方式讲这个故事。”[13] 于是，第一个句子出现了：“多年之后，当他面对行刑队时，奥雷里亚诺 · 布恩迪亚上校……”小说在大脑中浮现这一描述，仿佛故事早已被写好，他只不过抄写下来一样。阿普莱约和马尔克斯对此曾有过一段犀利的对话：

问：你真在高速公路上调转车头回家，然后就开始写作了？

答：真的。我根本没去成阿卡普尔科。

他调转车头，径直开回墨西哥城，开始撰写改变人生的小说。

加西亚 · 马尔克斯于 1965 年 7 月正式开始写《百年孤独》，于 1966 年 8 月完成。[14] 他放弃了电影剧本的写作和新闻工作。这一时期，文学界唯一的大事是《恶时辰》于 1966 年在墨西哥得以授权出版。加西亚 · 马尔克斯身处墨西哥城公寓的一个小房间里，专心致志地投入到小说创作中，这个房间后来被称为“梅尔基亚德斯的房间”。这部小说被当作债务担保，正如马尔克斯所言：“从第一刻起，早在出版之前，这本书就对每一个接触过它的人施加了某种魔力：不管是朋友或者秘书，还是屠夫或房东等人，都在等我完成此书，这样我才有钱付给他们。”[15] 房东路易斯 · 库杜里尔（Luis Coudurier）同意等待一年，小说出版后再付租金。马尔克斯把小说的章节打出来，交给打字员“培拉”（埃斯佩兰扎 · 阿拉扎，Esperanza Araiza），后者则打出一份清稿。1966 年初，加西亚 · 马尔克斯卖掉了白色欧宝汽车。这笔钱用完后，他和梅塞德斯不得不典当所有东西——电视、冰箱、收音机、珠宝。加博把自己的生活写进了小说，他在第十三章不得不杀死奥雷里亚诺 · 布恩迪亚上校时感到异常悲伤，于是在床上痛哭了两个小时。[16]

《百年孤独》终于完成了。在 1966 年 8 月初，马尔克斯和梅塞德斯把这部小说的手稿寄到布宜诺斯艾利斯的南美洲出版社。这部小说有 490 页之多，但他们两人只能凑出 60 比索，只够寄出大约一半手稿。他们回家后，典当了更多的家居用品，然后去邮局寄走剩下的一半手稿。南美洲出版社的编辑帕科 · 波鲁阿（Paco Porrúa）读了手稿后，告诉阿尔瓦罗 · 穆蒂斯这本书“绝对精彩”。[17] 一周后，这本书售出了 1800 册，在畅销书排行榜上位列第三，这对于一个“新”作家来说是闻所未闻的。这部小说随后的成功，评论家们的称赞，以及持续不断的大量印刷，让包括加西亚 · 马尔克在内的所有人都感到惊讶。作品出版数周内便成为全球畅销书，[18]可谓“一生必读的经典”。[19]

《活着为了讲述》明确告诉读者，《百年孤独》在很大程度上基于加西亚·马尔克斯早期家庭生活的兴衰变化，哥伦比亚的阿拉卡塔卡成为小说中的马孔多。[20]路易莎·圣地亚加对加博说道，她不希望家人的鲜血洒在街上，这无疑促使作者描写了何塞·阿尔卡蒂奥被谋杀后鲜血淋漓的惊悚场面：

> 一股血从门下流出，流过客厅，接着流到街上，沿直线穿过凹凸不平的露台，流下台阶，翻过路缘，沿着土耳其人的街道，转过一个拐角继续朝右流淌，然后流向左边，在布恩迪亚家的房子里转了一个直角，从紧闭的门下流进屋子，穿过客厅，紧贴着墙壁以免弄脏地毯，流进另一个客厅，流了一个大转弯以避开餐厅的桌子，又沿着长满秋海棠的走廊流淌，无声无息地流过阿玛兰妲的座椅下面。她当时正在给奥雷里亚诺·何塞讲数学，鲜血又经过食品储藏间流过厨房，乌尔苏拉正准备打36个鸡蛋做面包。[21]

上面这段描写非常精彩，也非常详细，以自然主义的手法呈现给读者诸多细节。例如，血迹流过的露台是“不均匀的”，血紧贴着墙壁“以免弄脏地毯”，我们甚至能读到厨房里准备打多少鸡蛋，这一切都给鲜血自行流淌的奇妙过程增添了逼真的色彩。加西亚·马尔克斯的虚构世界实际上是一个密不透风的宇宙，一切都遵循自己的逻辑。巴尔加斯·略萨在其不朽的作品《加西亚·马尔克斯：弑神者的故事》（*García Márquez: historia de un deicidio*）中首先认识和分析了这个世界的内在一致性，这种一致性植根于双重命题：超自然被描绘成自然的，而自然主义则被描绘成超自然的。因此，加西亚·马尔克斯的虚构世界既不完全遵循超自然的规律，也不完全遵循自然的规律，而是体现着两者的动态融合。

《百年孤独》展现了宇宙的规律，尤其是科学和历史的规律，并不是说它们是客观和不言自明的事实，而是说它们是人类思想的非自然和奇怪的产物。[22] 例如，在小说的第一章，吉卜赛人来到聚集地，向人们介绍了自然或人工制造的物品，如磁铁、望远镜、放大镜，以及假牙。马尔克斯对磁铁的解释有典型意义。尽管迈克尔·法拉第（Michael Faraday）和约翰·廷德尔（John Tyndall）等物理学家对磁铁的性质进行了合理而一致的解释，但梅尔基亚德斯充满敌意地认为："万物皆有自己的生命……这只是唤醒他们灵魂的问题。"[23] 加西亚·马尔克斯描写科学事实的才能不凡，有个最引人入胜的例子是，当何塞·阿尔卡蒂奥宣布地球是圆的这一早于托勒密的发现时，他走出书房，仿佛发生了不可遏制的奇异事件。通过乌尔苏拉的巧妙质疑，自然转换为超自然就得以实现：

"地球是圆的，就像个橙子。"

> 乌尔苏拉失去了耐心，“如果你非得发疯，请你自己疯好了！”她大声喊道，“但不要试图把你的吉卜赛思想灌输给孩子们。”

在小说的后面部分，当与现代相关的技术进步商品（如电力、电影院、录音机和电话等）到达马孔多时，居民们惊讶地喘着粗气迎接他们。“马孔多的人民被如此多、如此奇妙的发明弄得头晕目眩，根本不知道该从何处开始惊奇。”[24]

这种现代性首次在小说中以吉卜赛人的把戏、假牙、火车被说成“后面拖着一个村庄的厨房”等出现时，展现的是单纯幽默的噱头；但当现代性展现了它作为美国资本主义先驱的本色时，《百年孤独》的政治色彩也随之显露。第一个征兆出现在赫伯特先生吃香蕉的时候，此时赫伯特先生端详着香蕉，仿佛在研究钻石一样。随后，一批工程师、农学家、水文学家、地形学家和测量员来到此地对香蕉进行进一步的研究。但关键是，这些外国佬没有透露他们的计划，赫伯特先生也“没有说出任何会让别人猜测他意图的话”。当布朗先生带着一些身着黑衣的律师到达时，再次凸显了该镇居民的无知：“当镇子已经被改造成一个由锌屋顶木屋组成的营地，居住着乘火车绕了半个世界才到此地的外国人时，多疑的马孔多居民才开始怀疑镇上到底出了什么事。”外来者在马孔多城外建立了自己的城镇，他们拥有似乎只有上帝才能拥有的资源，他们永远改变了这座城镇的一切（包括雨水、作物周期，甚至改变了河的流向

加西亚·马尔克斯和第一版《百年孤独》。拍摄于 1969 年

等)。然而，那个时候，“也没有人知道他们在谋划什么”。奥雷里亚诺·布恩迪亚简明扼要地表达了镇上居民的沮丧心情：“瞧，我们现在的情况简直是一团糟……就是因为我们起初请一个外国佬吃了几根香蕉。”这些是小说中最初的暗示，拉丁美洲与现代性相遇——如同赫拉克勒斯[①]接受了妻子涂上毒药的衣服——最终会带来毁灭。

第一个发现并销售香蕉的外国佬是米诺·基思(Minor Keith)，他于1871年在哥斯达黎加发现并销售了香蕉，后于1899年成立了联合水果公司。这是一个在哥伦比亚、哥斯达黎加、古巴、尼加拉瓜和巴拿马常见的关于剥削的故事。在小说中，香蕉公司的到来——当然暗指联合水果公司，尽管它从未被点名——导致当地官员被“独断专行的外国人”取代，反过来又导致了权力滥用。例如，一个7岁的男孩因不小心把饮料洒在警察身上而遭到枪杀，孩子的祖父也被斩首。奥雷里亚诺·布恩迪亚上校的反应是指责外国佬，他认为是他们导致了今天的局面，于是，他威胁道：“总有一天，我要武装我的孩子们，这样我们就可以赶走这些该死的外国佬了！”他这番威胁的言论使他的17个儿子被“看不见的罪犯”枪杀，尽管凶犯的身份从未确定，但这意味着应该受到谴责的正是那些外国佬。抗争很快变成赤裸裸的政治运动。何塞·阿尔卡蒂奥二世

① 赫拉克勒斯(Herakles)是古希腊神话中的英雄人物，攻打奥卡利亚时俘虏了伊奥勒，妻子得伊阿涅拉担心被遗弃，把抹了毒药的衬衣送给他，最后他因痛苦难耐自焚而亡。

的工会活动很快将他列为麻烦制造者，“人们指控他是一场破坏公共秩序的国际阴谋的代理人”。紧张局势持续加剧，军队和采蕉工人发生冲突，3000名死者被扔进了大海：“他看到了男人的尸体、女人的尸体和孩子的尸体像被丢弃的香蕉一样扔进大海。”加西亚·马尔克斯能够在工人的职业和他们的死亡方式之间建立一种连接感，尸体就像“被丢弃的香蕉”一样被扔掉。就连尸体堆放的方式也让人想起了阿尔卡蒂奥二世堆放香蕉的场景：“那些把他们的尸体放进马车的人也耐心地把他们像一捆捆香蕉那样堆放起来，便于运输。”虽然阿尔卡蒂奥二世的回忆有点梦幻感，但他的断言“想必有3000具之多”却添了几分可信度。马孔多的结局就是这样开始的，布朗先生则表现得有些闪烁其词，他许诺续订合同，但要在雨停之后才能执行。最终，香蕉种植园被关闭，猛烈的飓风将它完全摧毁。

加西亚·马尔克斯在《百年孤独》的第十五章列出的死亡人数是3000多人，这个数字因为与政府部门的数据大相径庭而长期备受争议。1928年11月13日至1929年3月15日发生在马格达莱纳地区的骚乱的官方报告于1929年发布，由卡洛斯·科尔特斯·瓦加斯（Carlos Cortés Vargas）将军撰写，标题为《香蕉事件》，[25]将1928年12月6日发生在西安纳加的起义中的死亡人数定为9人，塞维利亚车站的死亡人数定为29人。各方都承认，《百年孤独》第五章中描述的罢工的原型是1928年12月6日在西安纳加发生的事件，在此之前，在西安纳加联合水果公司种植园工作的工人已经举行了长达一个月的罢工。[26]加西亚·马尔克斯在回忆录中强调，他将死亡人数定为3000人，是为了表现该事件在读者心中所产生的强烈愤怒：

> 我把死者人数定为3000人，是为了保留该事件的史诗感。在真实的生活中，正义最终得到伸张：不久前，在这场悲剧的周年纪念日，参议院的时任议长要求默哀一分钟，以纪念3000名被法律和秩序的力量杀害的无名烈士。[27]

很明显，加西亚·马尔克斯对这一事件进行了一些独立的研究。马尔克斯的弟弟海梅回忆，哥哥当时要求他前往西安纳加了解将军到底说了什么、给罢工者多少时间让他们散去，以及人们在1928年那个关键的日子反应如何。海梅提供了一个重要的细节：当将军发出在一分钟后离开的命令时，迎接他的是一声呼喊：“这一分钟你们自己留着吧”（Le regalamos el minuto que falta），他认为这是他的伟大发现。但后来加博让他下不了台。几年后，加博告诉他，这句话其实早已广为人知。[28]

事实上，卡洛斯·科尔特斯·瓦加斯将军就此事件撰写的官方报告中也提到了这一鲁莽的回应。他说：“在最后一分钟，我们大喊的是：‘撤退，否则我们就开枪。’‘这一分钟你们自己留着吧’，人群中有人喊道。”[29]根据将军的描述，开火的命令得到人群中“卧倒”的号令的回应。在第一枪打响后，他们没有再开枪，工人们便起身逃跑；[30]但随后的研究表明，科尔特斯·瓦加斯给出的伤亡人数数字太低了。[31]加西亚·马尔克斯提出的3000名伤亡人数很可能来自当时的报道，因为许多报道提到了3000名包围部队的罢工者，[32]但3000多人死亡的数字来源仍然是个谜题，即使加西亚·马尔克斯在自传中对这一数字进行了有力的辩解。我们想知道，这是否只是马尔克斯的记忆出了差错？

由于路易斯·安赫尔·阿朗戈图书馆没有1928年的《观察家报》，仅从左派报刊《哥伦比亚时代报》提供的证据中可以明显看出，香蕉种植园起义是哥伦比亚有史以来最接近革命的一次起义。考虑到罢工的政治影响，以及它是一场争夺土地、财产和农产品所有权斗争的事实，它与10年前发生在北方的墨西哥革命有着明显的相似之处。从军方提供的所有报告中可以非常清楚地看出，这场起义被视为一场政治暴动。阿方索·坎波·塞兰诺（Alfonso Campo Serrano）上尉在一封电报中提到："局势正在恶化，共产党刚刚摧毁了香蕉种植区的电话线。"当天发表在《哥伦比亚时代报》第4页，标题为《卡洛斯·科尔特斯·瓦加斯将军的谨慎报告》的文章中称："到处传播着呼吁士兵加入共产主义的传单。该地区罢工者的组织规模惊人。"哥伦比亚正处在爆发政治革命的边缘，虽然事态并没有发展到革命的程度——这可以解释加西亚·马尔克斯对这一阶段的哥伦比亚历史的兴趣如此强烈的原因，不仅仅因为这个历史事件发生在他的家门口。

香蕉大屠杀烈士塑像，位于西安纳加的中心广场

我们如果仔细观察加西亚·马尔克斯在小说中描绘西安纳加的革命行动，就像上面所讲述的那样，会发现这种描绘显然在某种程度上就像一种虚假的记忆。除了3000人这个数字之外，还发生了什么变化？官方版本记录了“这一分钟你们自己留着吧”这句话来自匿名人群，但加西亚·马尔克斯在《百年孤独》的描述中，是何塞·阿尔卡蒂奥二世喊出了这句话。这意味着加西亚·马尔克斯实际上是在将自己的家族写入叛乱的历史，因为小说中的人物在某种程度上被理解为阿拉卡塔卡家族的所有成员（《百年孤独》最初的标题是《房子》，在他外祖父母的房子里，他一直住到了9岁）。这也是一个错误记忆，因为加西亚·马尔克斯家族的很多成员都没有参与这场历史性的暴动。我们之所以知道这一点，是因为在保险机构的官方报告所列的已知54名被判煽动动乱罪的人的姓名中，没有一人姓加西亚、马尔克斯或者伊瓜兰（加西亚·马尔克斯母亲的第二个姓氏）[33]，正如玛戈特回忆的那样，加西亚·马尔克斯的外祖父与联合水果公司关系很好，“香蕉种植园的外国佬联合水果公司商店就在我们家的对面。我不知道为什么只有我的外祖父可以在那家商店买东西，也许是因为他是镇上的市长和财务主管，也是最重要的自由主义者”。[34] 所以，马尔克斯让何塞·阿尔卡蒂奥二世担任反对联合水果公司斗争的领导人和鼓动者，实际上是在为他的家族创造一种理论上的革命血统。请注意，这部小说事实上是用新的语言方式讲述历史事件，以此激励广大人民，并给人民一个名字，从某种意义上说，也是赋予不知名的群众以面孔和名字。于是，人群中的声音变成了一个“真实”的人——何塞·阿尔卡蒂奥二世，正如我们所看到的，这一技巧在加西亚·马尔克斯对波哥大大暴乱的刻画中得到了体现。

加西亚·马尔克斯对哥伦比亚香蕉种植园起义失败的描述有另一个重要的观点，对身体暴力、军事暴力和认知暴力之间的相互作用非常敏感。政府——特别是战争部长伊格纳西奥·伦吉福（Ignacio Rengifo）——非常清楚一个事实，即打击颠覆分子的战争必须用语言和武器来赢得。伦吉福严格控制着人们对这场冲突的了解，只向媒体发布了某些新闻公报，《哥伦比亚时代报》对此颇有怨言。该报显然对军队的行动持悲观态度，质疑官方新闻是否属实，甚至极端地发表了一幅关于伦吉福的煽动性讽刺漫画，将伦吉福描述为宽恕那些枪杀手无寸铁的男子的罪魁祸首。该报还在一篇社论中呼吁官方调查造成这么多人死亡的真正原因，并抗议关于冲突的唯一信息来源只有政府允许的公报。而且很明显，西安纳加起义并不是当时发生的唯一内乱，塞维利亚车站、圣玛尔塔、阿拉卡塔卡也发生了罢工和社会动乱。此外，科尔特斯·瓦加斯将军奉命追捕煽动罢工的领袖，这一点从1928年12月11日发表在《哥伦比亚时代报》的一份题为《科尔特斯·瓦加斯将军启动迫害》的报告中可以清楚地看出。事实上，这是哥伦比亚第一次赤裸裸地使用意识形态话语来左右公众，因为电报的新技术允许大量潜在矛盾的传播，控制信息的流通成为意识形态斗争的核心手段。相比之下，有关“千日战争”的报道则显得更加从容。加西亚·马尔克斯简洁幽默地捕捉到了这场激烈的语言斗争，他在《百年孤独》中以正式的官方语言描述了政府的官方版本：“官方版本被重复了1000次，并通过政府可利用的各种传播手段在全国各地将事件进行扭曲，直至被人们接受。官方认为，冲突中没有人伤亡，工人们心满意足地回到家人身边，香蕉公司在雨停下来之前暂停了所有活动。”由此可见，加西亚·马尔克斯的小说是这段历史的波哥大官方掌控版的反面。加西亚·马尔克斯的政治讽刺[35]利用虚假记忆的手法使国家的认知暴力失去效力。加西亚·马尔克斯对博尔赫斯困境的认可——写作自我和日常自我之间的辩证关系——使他对话语的不可靠性非常敏感。正如他允许虚假的记忆战胜真实的记忆，写作的自我战胜日常的自我一样，他允许自己“谎言”的真相战胜了政府“真相”背后的谎言，这是非常出人意料的。[36]

小说的政治高潮——左翼和右翼之间的政治紧张局势爆发，转为暴力行为的时刻——由加西亚·马尔克斯赋予了极富创造性的突变。《百年孤独》中，部队向马孔多（即现实中的西安纳加）中心广场的工人开火后，何塞·阿尔卡蒂奥二世醒来发现自己躺在开往未知目的地的火车上，身下是一堆死人。他搜查了所有的车厢，估计这列火车大约有200节车厢；他跳下火车，徒步走回马孔多；他走进一个女人的房子里清洗伤口，发现人们不相信他对屠杀的描述；他又去敲加维兰上校的房门，但门却砰的一声迎面关上；他随后回家告诉他的兄弟奥雷里亚诺二世有关大屠杀的事，但他的叙述再次引起争议。他躲进梅尔基亚德斯的房间里，军队到达搜查房子时，读者猜测他会被逮捕，但随后发生了不同寻常的事情，迫使读者重新理解自己刚刚读到的内容。警官要求打开梅尔基亚德斯的房间，他首先把灯晃来晃去，“奥雷里亚诺二世和桑塔索菲亚·德拉·彼达在光线掠过何塞·阿尔卡蒂奥二世的脸庞时看到他那双阿拉伯人的眼睛”，警官却什么也没注意到；他第二次打开灯时，又没看见何塞·阿尔卡蒂奥二世，“他停下来，瞥见奥雷里亚诺二世和桑塔索菲亚·德拉·彼达仍在注视何塞·阿尔卡蒂奥二世藏身的地方，后者也意识到士兵在看他，却没有看到他”。当我们读到部队军官得出的结论“很明显，至少100年来没有人在那个房间里了”时，我们才恍然大悟，何塞·阿尔卡蒂奥二世也许是个鬼魂，因为军官看不到他；而且，我们被迫以电影《第六感》（*The Sixth Sense*）的风格，重新阅读先前的描述，重新考虑何塞·阿尔卡蒂奥二世已经死去的可能性。

事实上，该叙事中有一些细节表明了这种可能性。第一，何塞·阿尔卡蒂奥二世苏醒后对火车的感觉非常奇怪，约有200节车厢，死者像一串串香蕉被装在车厢里，尽管他搜查了所有的车厢，但手持机枪的士兵却没有意识到他的存在；第二，当他走进一个无名女子的家时，念出自己的名字“以证明自己还活着”，而该女子对他的第一印象是，他是一个“幽灵”，因为他是一位“被死亡的仪式触碰过”的人。叙事呈现出的相当虚幻的基调是另一条线索：我们似乎只能接触到故事的一部分，因此所有的细节难以说通。例如，为什么加维兰上校的妻子将何塞·阿尔卡蒂奥二世拒之门外？我们读到"'他（加维兰上校）离开了，'她害怕地说，'他回自己的国家了'"。为什么她仅仅因为看到何塞·阿尔卡蒂奥二世而感到害怕？为什么不允许费尔南达知道阿尔卡蒂奥二世在家里？为什么他的讲述与其他人的讲述如此不一致？如果阿尔卡蒂奥二世被解读为已经死亡——那么，他就是个鬼魂——只有（在一些例外情况下）他的家人能看到他，由此才可以解释这些问题以及上述叙事的特征。这种手法非常符合魔幻现实主义的风格，一个事件有两种摇摆不定的对立解读，这正是托多罗夫所认为幻想概念所固有的特征，何塞·阿尔卡蒂奥二世对一些人来说是活着的，对另一些人来说则已经死亡。他实际上是被政府当局噤声的庶民的代言人。[37]

对香蕉种植园工人屠杀这一事件的描写也是小说意识形态主旨的核心，因为它展示了加西亚·马尔克斯如何利用魔幻现实主义的话语来表达自己的政治观点。书中何塞·阿尔卡蒂奥二世对大屠杀的描述——3000 人被枪杀并被火车转移后"失踪"——与官方版本的"没有死亡"形成了鲜明对比。因此，庶民的声音也是幽灵的讲述，即霸权话语不会也不能理解或听到个人的声音。在幽灵的回忆与政府、武装部队和媒体对抗的背景下，谁的胜算很大是非常明显的。当局的解释是"你一定是在做梦"，加西亚·马尔克斯的文本暗示庶民的声音是具有多重解释性的梦。加西亚·马尔克斯的民粹主义——他相信人民的力量最终会将他们的意志强加给周围的世界——是《百年孤独》传递的最后一个信息，尽管这一信息就像何塞·阿尔卡蒂奥二世躲在梅尔基亚德斯房间里一样，隐藏在马尔克斯的文本中。

埃雷拉·索托和卡斯塔涅达的优秀专著中有一篇历史研究的文章——《马格达莱纳香蕉产区：历史与词汇》，里面提到了 1928 年 12 月香蕉地区惨案之后数年内流传的一些民间传说，其中第四个传说很可能进入了加西亚·马尔克斯的小说中。原文如下：

> 火车带着 1000 多人驶向大海。他们杀掉 1000 名男人、女人和儿童后，把尸体如香蕉一样堆放在每个车厢里，到了码头后，立刻抛进大海。由于死者与伤者混杂在一起，鲜血一路滴在铁轨上面。[38]

然而，埃雷拉·索托和卡斯塔涅达对这个传说表示怀疑。他们认为，这只可能发生在西安纳加和圣玛尔塔之间的铁路线上，尽管 1928 年 12 月 6 日晚上有一些人在圣玛尔塔火车站焦急地等待消息，但据报道没有火车到达，更不用说载有数千具尸体的火车了。他们还质疑，如果后来在圣玛尔塔湾没有发现尸体，这个事情怎么会发生？根据两位作者的说法，尽管其缺乏真实的事实证据支持，但加西亚·马尔克斯显然在《百年孤独》中描述这一事件时使用了民间传说。他们两位的观点是，

《百年孤独》第十五章中对“大屠杀”的描述是人民创造的虚假记忆。从他们的讨论中我们可以得出重要的观点，那就是加西亚·马尔克斯并不是简单地摘取了这个说法，相反，他融合了包括流行故事和报纸报道在内的许多信息，[39] 创造性地建立了令人信服的虚假记忆。奇怪的是，自 1967 年《百年孤独》出版以来，这个说法使其他说法相形见绌。然而，问题仍然悬而未决，数千具尸体被运往大海的民间传说具有真实性吗？[40] 民间传说仅仅是社会的虚假记忆吗？

反倒有一个人不能被认为是受到加西亚·马尔克斯说法的影响，那就是年轻的议员豪尔赫·埃利塞尔·盖坦。他于 1929 年 9 月就香蕉产区的事件向众议院发表了讲话。在连续四天（1929 年 9 月 3 日至 6 日）的演讲中，[41] 盖坦首先宣读了阿拉卡塔卡镇牧师的一封信，信中描述了军队对妇女和儿童实施的暴行，并在众议院展示了一个儿童的头骨。盖坦提交的文件非常有力，对事件的描述与科尔特斯·瓦加斯将军截然相反。还有一位名叫本杰明·雷斯特雷波（Benjamin Restrepo）的目击者提到军队是如何用机枪连续扫射后又用步枪向工人射击 5 分钟的，是如何用刺刀杀死伤员的，死者又是如何被火车运到海里处理的。[42] 证人 H. 马丁内兹·M（H. Martínez M）的证词也提到这一说法，军队先开了机关枪，然后开了约 5 分钟的步枪。另外，也有关于人们被活埋的报道。也许，盖坦演讲稿中最不寻常的描述便是提到一个姓马尔克斯的年轻人，他于 1928 年 12 月 6 日凌晨 4 点 30 分左右在西安纳加火车站被军队杀害。

路易斯·洛伊（Luisa Roy）声称：

> 凌晨4点30分左右，我到达火车站，等待开往圣玛尔塔的火车。在他们装冰的火车站附近，有一个姓马尔克斯的年轻人受伤了，他垂死前痛苦地扭动着身体。这个年轻人穿着深棕色的衣服［西班牙语原文为巧克力色（chocolate）］。我看到有25个人准备杀死他，他们也在用刺刀刺他，每人刺几刀，直到他死了为止。他们又调转身来看我，一名士兵用枪托打我的眼睛，把我打倒在地。我赶紧爬起来跑了。

这段证词使我们能够重新考虑何塞·阿尔卡蒂奥二世在《百年孤独》中扮演的角色，以及他的故事在多大程度上是基于这类报道的。的确，在被捕者名单中没有提到姓加西亚、马尔克斯、马丁内斯或伊瓜兰的，但正如我们现在所看到的，在当代的一份报告中提到了一位姓马尔克斯的年轻人，他于1928年12月6日在西安纳加火车站被刺死。

然而，问题是这个年轻人是否有可能是加西亚·马尔克斯的亲戚。从表面上看，这似乎不太可能，但我们早些时候已经看到，有证据表明加西亚·马尔克斯的外祖父至少生了12个私生子。杰拉德·马丁在马尔克斯的家谱中列出了其中9个私生子的名字，剩下的3个或更多的私生子被列入一个方框内，标为“不详者”。[43] 尽管可能性不大，但“不详者”超过3个，有这样一个私生子在事件中死亡是可能的。

如果这个猜测是正确的话，那就意味着这个穿着深棕色衣服的人是加西亚 · 马尔克斯的私生子舅舅，也就是《百年孤独》中何塞 · 阿尔卡蒂奥二世的原型。何塞 · 阿尔卡蒂奥二世在大屠杀中死去，也佐证了现实中屠杀的存在。加西亚 · 马尔克斯的书中有些内容是模棱两可的：也许，当何塞 · 阿尔卡蒂奥二世回到家中躲在后屋时，他可能已经变成了一个鬼魂。

如果是这样的话，我们就能重新解读加西亚 · 马尔克斯小说中的鬼魂了。我们从第一章了解到，特兰基利娜曾用迷信的话语来斥责她丈夫的婚外情，以及他在“街头”生下的许多私生子。一个私生子在西安纳加被军队杀害的猜测提出了一种可能，即在阿拉卡塔卡家中自由游荡的鬼魂也可以被称为“政治鬼魂”。众所周知，尼古拉斯的祖父与联合水果公司以及杂货商关系友好，他的权力使他能够不受阻碍地购买商品。因此他的一个亲生儿子被联合水果公司的支持者杀害了，就有了讽刺意味（盖坦非常有力地辩称，在香蕉大屠杀期间，军队成了联合水果公司的坚定支持者，甚至以牺牲哥伦比亚人民为代价）。[44] 加西亚 · 马尔克斯童年时代的鬼魂是通奸和联合水果公司肮脏政治的产物，他们是道德上和政治上的幽灵，表现了尼古拉斯 · 马尔克斯和特兰基利娜 · 伊瓜兰婚姻中普遍、难解的困境，构成了加比托出生时复杂的情感环境。

可见，《百年孤独》是一部复杂而多层次的小说，可以在多个层面上阅读。在初级层面上，这部小说可以被解读为加西亚·马尔克斯对自己错综复杂的家谱分支进行的细致的探索，这正是他在20世纪50年代初前往瓜希拉地区展开研究之旅时进行的探索。尼古拉斯·马尔克斯·梅希亚和特兰基利娜·伊瓜兰·科特斯是表兄妹，杰拉德·马丁对此解释道，“他的父亲和她的母亲是同母异父的兄弟姐妹，都是富有冒险精神的胡安妮塔的孩子”。胡安妮塔即胡安妮塔·埃尔南德斯（Juanita Hernández），她于19世纪初从西班牙移民到哥伦比亚。[45] 加西亚·马尔克斯在小学时被告知不要靠近班上的某个女孩，事后他意识到这可能是因为他和她有亲戚关系。我们在《百年孤独》中发现加西亚·马尔克斯的家族分支错综复杂的证据，他本人也对此有所觉察，因此计算出外祖父有12到19个子女，主要是其在“千日战争”期间环游哥伦比亚时生的，而反映到小说中，奥雷里亚诺上校有17个子女回归到父亲的家庭，后来又神秘地遭到暗杀。《百年孤独》中马尔克斯将乱伦所固有的危险戏剧化，阿尔卡蒂奥差点和他的母亲皮拉尔·特蕾拉乱伦——他不知道她是自己的母亲——幸好桑塔索菲亚·德拉·彼达被送到他的床上，及时阻止了他；奥雷里亚诺·何塞爱上了他的姑姑阿玛兰塔，但他们在关键时刻得到了拯救，避免了乱伦行为。但是，奥雷里亚诺与他的妹妹阿玛兰塔·乌尔苏拉的乱伦行为带来了末日般的灾难，生出了长着猪尾巴的孩子，这导致布恩迪亚家族的灭亡和马孔多的毁灭。至此，小说就结束了。

《百年孤独》也隐喻着哥伦比亚政治家族中该隐与亚伯的斗争，即19世纪到20世纪自由派和保守派之间的血腥斗争。

加西亚·马尔克斯的家人也参与了这次斗争，他的父亲是保守主义者，祖父是自由主义者。这两个层面在小说中得到综合，因为自由主义争取的权利之一是承认私生子的权利。这在小说中出现过两次，尤其是奥雷里亚诺上校在党内温和派的施压下对于这一权利让步的时刻；另外则是一名新兵的言论，即他们不仅在争取与自己的姑姑结婚的权利，而且在争取与母亲结婚的权利。当然，历史书是不会讨论这样的权利的，不过，我们看到的是加西亚·马尔克斯如何将政治和个人融合在一起，资本主义（以联合水果公司为代表）和哥伦比亚工人之间的斗争将该隐和亚伯的斗争提到了更高的维度，这体现在第十五章的西安纳加的大屠杀中。这些层面再次结合在一起，正如列莱维－斯特劳斯（Lévi-Strauss）在《父母的谎言》中所描述的那样，乱伦导致了人类文化崩溃，这在20世纪前30年席卷哥伦比亚北部海岸的香蕉热潮的消亡中得到反映。于是，《百年孤独》将作者对错综复杂的家谱渊源的个人探索与对工人和国际资本主义之间斗争的分析结合在一起。乱伦是对遇到基因相同的另一半的恐惧，这反映在小说中是对人类身份双重性的思考，奥雷里亚诺二世和何塞·阿尔卡蒂奥二世经常难以被家庭成员和情人分清楚，以至于最后连坟墓都弄错了。在第十七章中，奥雷里亚诺·布恩迪亚认为他的子女使他产生了一种疏离、重复和孤独的感觉。[46] 小说将这些主题编织在一起，创作出加西亚·马尔克斯小说中最重要的时刻，即自己目睹自己的死亡。奥雷里亚诺·布恩迪亚曾说，他正在等待看自己的葬礼。

而在小说的结尾，奥雷里亚诺在阅读和破译梅尔基亚德斯的手稿时，也看到了自己的死亡。

奥雷里亚诺最终破译完手稿时，脸上露出了一个“恍然大悟的表情”（mirada de segundo reconcimiento），这点可以用多种方式来解释。因为正如卡洛斯·富恩特斯（Carlos Fuentes）所暗示的那样，小说“预设了两种解读，因为它本来就有两种含义”。[47] 首先，它指的是这样一个事实，奥雷里亚诺能够解开自己的家族历史，并且发现阿玛兰塔·乌尔苏拉是他的姑姑而不是他同父异母的妹妹（如果像他起初相信的那样，自己是父亲的亲生孩子，阿玛兰塔·乌尔苏拉就是同父异母的妹妹）的事实，因此，他是在乱伦，而不是半乱伦。“恍然大悟的表情”也引起了人们注意到破译（阅读即其具体体现），体现了奥雷里亚诺的自我认知，就像俄狄浦斯一样，他在不知情的情况下犯下了乱伦罪，由于在成功破译梅尔基亚德斯手稿的那一刻（如同神谕对俄狄浦斯一样），他恍然大悟，并导致了他的毁灭（相当于俄狄浦的失明）[48]。在奥雷里亚诺的自我认识中，双重身份的自我发挥了重要作用，因为在他的自我认识行动中，双重身份的主题得到了最有力的艺术表达：这是另一个自我与本我结合的时刻——因为乱伦意味着与自我发生的性行为——这终将导致人类、历史和文化崩溃。

注 释

1 《博尔赫斯和我》(*Borges y yo*),载《豪尔赫·路易斯·博尔赫斯作品全集 1923—1972》(*Jorge Luis Borges: obras completas 1923-1972*, Buenos Aires, 1974),第 808 页。

2 关于博尔赫斯对加西亚·马尔克斯的影响,见埃米尔·罗德里格斯·莫内加尔(Emir Rodríguez Monegal),《百年孤独:最后三页》(*One Hundred Years of Solitude: The Last Three Pages*)。

3 杰拉德·马丁,《加西亚·马尔克斯传》,第 289 页。

4 同上书,第 290—291 页。

5 加西亚·马尔克斯与电影缘分虽说含糊不清,但始终如一。针对电影能否为作家提供实用技巧这一问题,他回答道:"嗯,我还真不知道。对我而言,电影有利有弊。它确实帮到了我,让我知道如何从形象方面去思考,但与此同时,我对人物和场景视觉化的态度过于热情,甚至在《百年孤独》之前,我所有的著作中对相机角度和画面痴迷都体现得淋漓尽致。"他曾经对多洛雷斯·卡尔维诺(Dolores Calviño)说过,多年来,他对由他的长篇小说和短篇小说改编的影片都很失望。

6 以利吉奥·加西亚·马尔克斯,《追寻梅尔基亚德斯的线索》,第 578 页。

7 米格尔·费尔南德斯 – 布拉索(Miguel Fernández-Braso),《加夫列尔·加西亚·马尔克斯:无限的对话》(*Gabriel García Márquez: una conversación infinita*, Madrid, 1969),第 36—37 页。

8 《序言:抢座位游戏》(*Prologue, with Musical Chairs*),载《进入主流:同拉丁美洲作家对话》(*Into the Mainstream: Conversations with Latin American Writers*, New York, 1967),第 1—36 页。

9 路易斯·哈斯,《加夫列尔·加西亚·马尔克斯,或失音的和弦》(*Gabriel García Márquez, or the Lost Chord*),载《进入主流:同拉丁美洲作家对话》,第 310—341 页。

10 见《白石上的黑石》（*Black Stone on a White Stone*）与《简言之，我只能用死亡表达我的生命》（*In short, I have only my death to express my life*），载《塞萨尔·巴列霍：晚期诗歌 1923—1938》（*César Vallejo: Complete Late Poems 1923-1938*, Exeter, 2005），第 104 页、第 265 页。

11 普利尼奥·阿普莱约·门多萨，《番石榴飘香》，第 73 页。

12 同上书，第 74 页。

13 同上。

14 杰拉德·马丁，《加西亚·马尔克斯传》，第 296 页。

15 以利吉奥·加西亚·马尔克斯，《追寻梅尔基亚德斯的线索》，第 617 页。

16 普利尼奥·阿普莱约·门多萨，《番石榴飘香》，第 33—34 页。

17 杰拉德·马丁，《加西亚·马尔克斯传》，第 313 页。

18 福斯特·阿文达诺（Fausto Avendano），《〈百年孤独〉的畅销因素》（*El factor del best-seller en Cien anos de soledad*），载《〈百年孤独〉解读》（*Explicación de 'Cien anos de soledad'*, San José, 1976），第 65—77 页。

19 T. C. 博伊尔（T. C. Boyle），《一书定终身：〈百年孤独〉》（*Book of a Lifetime: One Hundred Years of Solitude*）。

20 在现实中，马孔多是美国联合水果公司最大的农场之一，占地 336 公顷，位于塞维利亚河河边。见达索·萨尔迪瓦，《加西亚·马尔克斯传》，第 115 页。虽然这是马尔克斯作品中“马孔多”地名的现实来源，但“马孔多”所代表的远远不止于此。加西亚·马尔克斯曾说：“马孔多不是一个地方，而是一种心态，让你能看清心中所想，而且想怎么看就怎么看。”关于《百年孤独》中地名、人名和人物的百科辞典，见克里斯托弗·阿科斯塔·托雷斯（Cristóbal Acosta Torres），《马孔多：〈百年孤独〉中的真实与虚构的亲密关系》（*Macondo al desnudo: intimidades reales y ficticias en 'Cien años de soledad'*, Bucamaranga, 2005）。

21 《百年孤独》英文版（*One Hundred Years of Solitude*, London, 1978），格利高里 · 拉巴萨（Gregory Rabassa）译，第 113—114 页。

22 关于小说里对科学思维的描写，见罗伯托 · 冈萨雷斯 · 埃切瓦利亚（Roberto González Echevarría），《〈百年孤独〉：作为神话和档案的小说》（*'Cien años de soledad': The Novel as Myth and Archive*），载《加夫列尔 · 加西亚 · 马尔克斯的〈百年孤独〉》（*Gabriel García Márquez's 'One Hundred Years of Solitude'*, Philadelphia, 2003），哈罗德 · 布鲁姆（Harold Bloom）编，第 15—36 页。

23 关于小说里科学与炼金术的关系，见彻斯特 · S. 哈尔卡（Chester S. Halka），《梅尔基亚德斯、炼金术与叙述理论：〈百年孤独〉中的寻金》（*Melquíades, Alchemy and Narrative Theory: The Quest for Gold in 'Cien años de soledad'*, Lathrup Village, 1981）。

24 相关详细讨论请参阅史蒂芬 · 哈特，《加夫列尔 · 加西亚 · 马尔克斯〈百年孤独〉的魔幻现实主义》（*Magical Realism in Gabriel García Márquez's 'Cien años de soledad'*）。

25 卡洛斯 · 科尔特斯 · 瓦加斯，《马格达莱纳省香蕉种植区发展历史：1928 年 11 月 13 日—1929 年 3 月 15 日》（*Historia de los acontecimientos que se desarrollaron en la zona bananera del Departamento del Magdalena-13 de noviembre de 1928 al 15 de marzo de 1929*, Bogotá, 1929），全书共 175 页。路易斯 · 安赫尔 · 阿朗戈图书馆珍藏的副本封面上有将军亲笔题词。

26 由于联合水果公司经理托马斯 · 布拉德肖（Thomas Bradshaw）拒绝与马格达莱纳工人工会对话，1928 年 11 月 11 日工会召集工人罢工。该工会代表西安纳加香蕉种植园的工人提出了 9 项要求，包括集体保险、工伤赔偿、住房符合卫生标准、为工资较低的工人加薪 50%、关闭公司的社区商店、发放现金而不是公司的信用券、将双周支付工资改为每周支付、淘汰承包商，以及建立医院。罢工后双方一直处于僵持状态，在此期间联合果公司无法从哥伦比亚运出任何水果，并导致了 1928 年 12 月 6 日在西安纳加中心广场的冲突。马塞洛·布切利（Marcelo Bucheli），《哥伦比亚联合水果公司：劳动力、当地精英和跨国企业，1900—1970》（*The United Fruit Company in Colombia:Labour, Local Elite, and Multinational Enterprise, 1900-1970*）。

27 加西亚·马尔克斯，《活着为了讲述》，第63页。

28 西尔维亚·加尔维斯，《加西亚·马尔克斯家族》，第38页。

29 卡洛斯·科尔特斯·瓦加斯，《马格达莱纳省香蕉种植区发展历史：1928年11月13日—1929年3月15日》，第65页。

30 同上书，第56页。

31 卡洛斯·科尔特斯·瓦加斯承认自己杀了13人（根据他的报告，其中8人死在广场上，另外5人在广场附近被发现，总计为13人）。然而，历史学家对此给出了不同的数字，这些数字“从60人到100、400、800、1000、1500甚至2000人不等”。见马塞洛·布切利《哥伦比亚联合水果公司》。茱蒂斯·怀特（Judith White）在《哥伦比亚的联合水果公司：耻辱的故事》（*La United Fruit en Colombia: historia de una ignomina*, Bogotá, 1978）中提到了2000人这一数字。罗伯托·埃雷拉·索托（Roberto Herrera Soto）与拉斐尔·罗梅罗·卡斯塔涅达（Rafael Romero Castañeda）经调查研究，在《马格达莱纳香蕉产区：历史与词汇》（*La zona bananera del Magdalena: historia y léxico*, Bogotá, 1979）中表明，香蕉产区的冲突导致的死亡人数从科尔特斯·瓦加斯所说的总共47人（这是整个地区的人数，而非西安纳加单独的人数）到马科·科尔多瓦（Marco Córdoba）给出的2000多人不等。马科·科尔多瓦认为“1928年12月6日，2000多名工人死在了政府军的子弹之下”，然而他并未提供任何证据来支持这个说法。这很可能是受加西亚·马尔克斯的影响，而不是通过独立研究得出的数据。埃雷拉·索托与卡斯塔涅达认为死亡人数为60至75人。

32 1928年12月9日，《时代报》发表了一篇名为《卡洛斯·科尔特斯·瓦加斯将军慎重的报告》（*A Prudent Report by General Carlos*

Cortés Vargas）的报道，其部分内容如下："带着部队回到那里（西安纳加）的时候，大约有 3000 人包围了火车，男女都有，他们高喊'军队万岁！'和'我们只想涨工资！'人们以平和而坚定的态度阻止了火车的行进。"可能正是这个报道，或者与该事件相关的人将同样的结论口头传达到加西亚·马尔克斯耳中，他在创作西安纳加事件的小说版本时，便采用了这些信息。

33 卡洛斯·科尔特斯·瓦加斯，《马格达莱纳省香蕉种植区发展历史：1928 年 11 月 13 日—1929 年 3 月 15 日》，第 140—142 页。

34 西尔维亚·加尔维斯，《加西亚·马尔克斯家族》，第 60 页。

35 卡门·阿尔诺（Carmen Arnau），《加夫列尔·加西亚·马尔克斯的神话世界》（*El mundo mítico de Gabriel García Márquez*, Barcelona, 1971），第 75—78 页。

36 2009 年 3 月，我到西安纳加探访河边已经废弃的旧港口，香蕉业蓬勃发展时人们在此装卸货物。我在那里遇到了一位 50 岁的本地居民，听到我说"在官方报告中，1928 年 12 月 6 日在西安纳加中心广场有 9 人被杀害"，他便笑了起来。他说肯定有 3000 多人，他祖父是目击者。祖父曾经告诉过他，屠杀之后，广场满是鲜血。这位居民不愿透露名字，也不接受录音采访。我还去看了立有烈士纪念雕像的西安纳加中心广场。当年西安纳加火车站后面紧挨着中心广场，现在火车站只剩下一层外壳，里面是五金商店，中心广场靠火车站那面已经变成了一条道路，两边挤满了市场小摊。五金商店店员给我指了指用来加固屋顶用的铁轨，我想拍一张商店屋顶的照片，却遭到了经理的拒绝。屠杀发生后不久，西安纳加连接外部世界的铁轨就被拆除了。我接触到的人都不太愿意谈论屠杀事件，这表明虽然 80 年过去了，但它依然是个敏感的话题。

37 对于进一步的讨论，见史蒂芬·哈特，《美洲魔幻现实主义：〈百年孤独〉〈幽灵之家〉〈宠儿〉中的政治化幽灵》（*Magical Realism in the Americas: Politicised Ghosts in One Hundred Years of Solitude, The House of the Spirits, and Beloved*）。

38 埃雷拉·索托，拉斐尔·罗梅罗·卡斯塔涅达，《马格达莱纳香蕉产区：历史与词汇》，第 74 页。

39 关于小说中口头与书面体裁冲突的精彩论述，见詹姆斯·希金斯（James Higgins），《百年孤独》（*Cien años de soledad*），载《加夫列尔·加西亚·马尔克斯的〈百年孤独〉：评论汇编》（*Gabriel García Márquez's 'One Hundred Years of Solitude': A Casebook*, Oxford, 2002），赫内·H. 贝尔－比拉达（Gene H. Bell-Villada）编，第 33—51 页。

40 卡门萨·克莱恩（Carmenza Kline）在作品中强调了目击整个事件的孩子的重要性，详见《加夫列尔·加西亚·马尔克斯作品中的虚构与现实》（*Fiction and Reality in the Works of Gabriel García Márquez*, Salamanca, 2002），第 104—106 页。

41 茱蒂斯·怀特，《哥伦比亚的联合水果公司》，第 106—108 页。

42 豪尔赫·埃利塞尔·盖坦，《香蕉种植园大屠杀：文件和证言》，第 117—118 页。

43 杰拉德·马丁在《加西亚·马尔克斯传》第 576 页中表示：“尼古拉斯·马尔克斯的私生子女都没有跟他姓，都随母亲姓。”然而，这与该书第 573 页家谱上的内容自相矛盾，家谱上年龄最小的孩子名字是佩特罗尼拉·阿里亚斯·马尔克斯。于是就有了这种可能：大部分孩子（尤其是年龄大一点的）随母亲姓，但是也有少部分孩子随父姓。

44 这个不为人知的马尔克斯可能出生于 1900 至 1910 年，出生地可能就在西安纳加，因为尼古拉斯上校曾跟一个叫伊莎贝尔塔·鲁伊斯的女人在这座城市里生过私生子。杰拉德·马丁，《加西亚·马尔克斯传》，第 19 页。

45 杰拉德·马丁，《加西亚·马尔克斯传》，第 5 页。

46 有关小说中重复和镜子意象的进一步讨论，请参考玛丽亚·欧拉莉亚·蒙塔内尔（María Eulalia Montaner）的《〈百年孤独〉阅读指南》（*Guía para la lectura de 'Cien años de soledad'*, Madrid, 1981），

第 199—211 页。

47 卡洛斯 · 富恩特斯,《加夫列尔 · 加西亚 · 马尔克斯与美洲的虚构》(*Gabriel García Márquez and the Invention of America*, Liverpool, 1987), 第 9 页。

48 关于俄狄浦斯神话的探讨, 见约瑟芬 · 卢德默 (Josefina Ludmer) 的《〈百年孤独〉: 一种解读》(*'Cien años de soledad': una interpretación*, Buenos Aires, 1972), 第 22—30 页。对梅尔基亚德斯象形文字所做的富有洞察力的弗洛伊德分析, 请参考埃梅里塔 · 富恩马约尔 (Emerita Fuenmayor) 的《悖论的历史》(*Histoire d'un paradoxe*)。

第五章

“他领诺贝尔奖时为什么穿得像个厨师？”[1]

1967年《百年孤独》一经出版，便获得了巨大的销量，被翻译成几十种语言，而且首创了一种风靡全球的新型文学风格——“魔幻现实主义”。将魔幻的、现实的和政治的因素融合在一起，显然是加西亚·马尔克斯取得成功的秘诀。1969年，《百年孤独》荣获了意大利基安奇安诺奖，并被法国媒体评为最佳外国图书；1970年，它的英文版发行，被美国评论家选为年度十二本最佳图书之一。随后，加西亚·马尔克斯继续以魔幻现实主义风格创作了许多作品，尽管他的创作风格越来越向《族长的秋天》（*El otoño del patriarca*）靠近。[2] 例如，《世上最美的溺水者》（*The Handsomest Drowned Man in the World*）是对虚构的实践行为，本质上并非短篇小说，它讲述了一位溺亡者被一群孩子在海边发现并带回附近的城镇后发生的离奇故事。这位溺亡者高大俊美而被尊为偶像，人们为他举行了盛大的葬礼，并以他的名字为村子命名。这部短篇小说就像《枯枝败叶》的反面一样，描绘了一个社会如何对个体（即便是陌生的个体）施予爱的行为，进而实现拉丁美洲所称的“善终”（good death）。丽贾娜·詹姆斯称之为“乐观的故事”，也是出于这个原因。[3]

类似的创作模式也出现在《幽灵船的最后一次航行》（*The Last Voyage of the Ghost Ship*）中。该模式表明加西亚·马尔克斯非常真实地描写超自然事件，幽灵船最后一次航行时深刻挖掘了加勒比历史。幽灵的“死亡”可谓极端的自相矛盾，因为逻辑告诉我们，幽灵是早已死了的人。故事虽然缥缈虚幻，幽灵船的细节描述却极为逼真：“巨大的钢铁船壳震碎了地面，人们可以清晰地听到九万零五百个香槟玻璃从杯脚开始被接二连三地震个稀碎。”整个故事不断提到生活在附近海岸的人们贫困潦倒的景象（“山坡上黑人居住的棚屋颜色斑驳”，“房屋的样子令人感到凄凉”），有意与远洋客轮的奢华场面形成鲜明对比。对此，加西亚·马尔克斯明确表示，自己的叙事风格在魔幻的表面下总是隐藏着政治色彩。《巨翅老人》（*A Very Old Man with Enormous Wings*）与《世上最美的溺水者》一样，都是探索性的作品。小说《巨翅老人》讲述了一位从天而降的天使脸朝下跌到泥浆里，被渔夫帕拉约发现。这位天使像人一样有血有肉，穿戴却像个拾荒者，而且“他光秃秃的头顶上只剩下几根花白的头发，嘴里的牙齿稀少”。帕拉约和妻子艾丽森达把他关在鸡笼里供人观赏，每次收费 5 美分。真正的天使出现是多么神奇的事情，然而，作者运用了他惯用的障眼法，出乎意料的叙事转折让神迹变得平淡无奇，因为一个新的、更不可思议的奇迹取代了人们对天使的兴趣：碰巧在那些日子里，狂欢节的游戏特别多，有流动表演班子来到镇上，向观众展示了一个因为违抗父母的命令而变成蜘蛛的女人。而神奇的天使最终遭到人们的厌恶，直到有一天他飞走了，“他费力地扇动着翅膀，像只苍老的秃鹰，一路飞得险象环生”。

加西亚·马尔克斯用这个故事揭示了一个重要主题：魔幻与现实之间冲突的讽刺意义。

也许加西亚·马尔克斯在这一时期最大胆直率地表达政治观点的短篇小说是《出售奇迹的好人布拉卡曼》（*Blacaman the Good, Vendor of Miracles*）。它和《巨翅老人》一样，探讨了加勒比海狂欢节文化，特别是狂欢节中典型的灵丹妙药、解药和各种各样古怪的戏法，这些在马尔克斯很小的时候就让他非常着迷。这个故事可以解读为对西班牙流浪汉小说《小癞子》的改编，[4]故事开头描述了小贩——坏人布拉卡曼试图出售蛇毒解药，他假装被巨蝮咬过又拼命活了下来的样子，借此向围观的众人出售解药，他雇用故事的叙述者、好人布拉卡曼充当算命的，二人一同卷入了江湖医术的骗局，此刻故事的情节变得险恶起来。这是加西亚·马尔克斯这个时期小说中常见的政治寓言。

我们穿越了印第安人把守的关卡，越是迷失方向，我们得到的消息就越清楚。海军陆战队以消灭黄热病为借口大举入侵了这个国家，准备大开杀戒，沿路斩首每一个熟练的陶工，不管他以前是不是陶工。为了不走漏消息，他们不仅杀死当地人，还要杀掉中国人；出于习惯，也要杀死黑人和印第安人，因为这两类人是耍蛇人。然后，他们尽可能将动物、植物和所有的矿藏通通毁掉，因为熟悉这里情况的专家告诉他们，加勒比海沿岸的人们有能力改变自然，以迷惑外国佬。

这就是加西亚·马尔克斯小说中的政治花招。他几乎在描写耍蛇人如何起死回生、机器故障如何将一个活人变成一团彩色果冻的同时，又描写了北美人对加勒比海的残酷入侵，他们的行为（以黄热病为借口入侵，杀死陶工、当地人、中国人、黑人和印第安人，摧毁动植物和矿产资源）让读者措手不及，看起来和前述的事件一样怪诞。

然后读者恍然大悟，这一段是北美摧毁拉丁美洲的政治讽喻。同样恰当的是，在美洲印第安人的神话和传说中，相信变形是非常普遍的，可以被重新理解为反击西方的策略，目的是为扭转权力的失衡，当地人对超自然现象的信仰在小说中被当作抵御美国入侵的武器。政治讽喻的引入带来了减轻政治气氛的幽默感，使左翼政治更受欢迎。这个手法在故事中的体现为好人布拉卡曼埋葬了坏人布拉卡曼，墓志铭上写道："此处安葬着布拉卡曼，被误称为坏人，是欺骗了海军陆战队的人，科学的受害者。"这个故事的反讽意义是，布拉卡曼的亡灵是拉丁美洲被剥夺的象征，尽管他已经死了（被西方处决），仍然用魔法欺骗海军陆战队；虽然是科学技术的受害者，好人布拉卡曼却让他在拉丁美洲反压迫斗争中永生——这也反映了加西亚·马尔克斯的观点。小说结束时，叙述者说道：“如果他偶然再次死去，我会让他又一次重生，因为这是种惩罚，它的美妙之处就是他会如同我活着一样，在坟墓里一直活着，也就是永生。”在这个层次上，要蛇人的故事被赋予政治色彩，这是政治反击的寓言。

评论家们从 20 世纪 70 年代开始撰写加西亚·马尔克斯作品的评论，迄今为止，相关的文学评论如潮水一般，其他西班牙语作家难以与之匹敌。据估计，每周大约都有一篇关于加西亚·马尔克斯的学术文章发表。学术搜索引擎 JSTOR 的最新一项统计显示，关于马尔克斯作品的独立学术文章和评论不少于 2838 篇。[5] 事实证明，加西亚·马尔克斯是一只罕见的鸟，对广大读者和学术界都很有吸引力。1971 年，巴尔加斯·略萨出版了第一本研究加西亚·马尔克斯生活和工作的书——《加西亚·马尔克斯：弑神者的故事》。这是一本卓越的学术著作，实际上也是这位秘鲁最著名的作家对加西亚·马尔克斯的致敬。该书提供了重要的生物学信息，研究了父母和外祖父母对加西亚·马尔克斯情感和智力发展的影响；同时还追述了马尔克斯作为一名新闻记者的实习生涯，探讨了他早期创作的短篇小说与《百年孤独》的关系。巴尔加斯·略萨提供的真知灼见，让我可以一窥这位哥伦比亚作家对奇闻逸事的喜爱：

对他来说，一切都可以写成故事，轻松自如地组织成或编成故事的章节，无论是政治观点和文学观点、对他人的评论、大小事件或者各个国家，还是计划或愿望，皆可变成逸事，并以逸事的方式表达出来。他聪明睿智、温文尔雅且心细如发，具有奇特的个性特征。这些性格特点让他张扬地反对知识，有着强烈的反抽象化的倾向。一旦接近他，你会发现生活会变成一连串有趣的逸事。[6]

然而，巴尔加斯·略萨书中透出来的钦佩之情很快就变成了苛责。1968 年，古巴诗人埃韦尔托·帕迪利亚（Heberto Padilla）因批评革命作家利桑德罗·奥特罗（Lisandro Otero）和赞扬反革命作家吉列尔莫·卡布雷拉·因凡特（Guillermo Cabrera Infante）而丢掉记者工作；1971 年，他因从事反革命活动而入狱。一批作家，包括让－保罗·萨特（Jean-Paul Sartre）、巴尔加斯·略萨、胡安·戈伊蒂索洛（Juan Goytisolo）、卡洛斯·富恩特斯和奥克塔维奥·帕斯（Octavio Paz）联名发表了一封公开信，批评古巴政府这一行为。加西亚·马尔克斯的名字也赫然列在签字人名单上，名单的草拟人普利尼奥·阿普莱约·门多萨在写上马尔克斯的名字前曾联系他，但并没有联系到。

马尔克斯后来说他个人并未签字，[7]这说明在古巴问题上，他早已不愿跟随拉丁美洲文学爆炸时期的作家了，其中当然也包括巴尔加斯·略萨。事实证明，他多年来始终不渝地忠于卡

从左至右为巴尔加斯·略萨及妻子帕特丽夏（Patricia），梅塞德斯·芭莎，何塞·唐诺所（José Donoso）及夫人玛丽亚·皮拉·瑟兰诺（María Pilar Serrano），加西亚·马尔克斯。拍摄于20世纪70年代初的巴塞罗那

斯特罗。

帕迪利亚事件导致加西亚·马尔克斯和巴尔加斯·略萨之间出现了公开的裂痕，[8]两人关系冷淡。加西亚·马尔克斯从此再也不提巴尔加斯·略萨，巴尔加斯·略萨直言不讳地拒绝左翼政治，多年来一直不允许他的著作《加西亚·马尔克斯：弑神者的故事》再次出版。[9]后来两人从明争暗斗转为大打出手的身体攻击，托马斯·卡坦（Thomas Catan）为我们讲述了下面这件事情：

> 1976 年，许多拉丁美洲艺术家和知识分子聚集在墨西哥城参加电影首映式。电影结束后，加西亚·马尔克斯去拥抱他的好友巴尔加斯·略萨。没等他说出名字，脸上就挨了这位秘鲁作家的一记重拳。
>
> “瞧瞧你在巴塞罗那对帕特丽夏干的好事！你竟然有胆量来跟我打招呼。”据报道，巴尔加斯·略萨大喊大叫，指着身边的妻子。
>
> 在女人的尖叫声中，加西亚·马尔克斯跌坐在地板上，鼻子不停地流血，墨西哥作家埃莱娜·波尼亚托夫斯卡（Elena Poniatowska）赶忙去找冰冻的牛排给他敷眼睛。两天后，莫亚先生拍下了他的朋友被打成青眼窝的照片。
>
> 只有这两个男人和他们的妻子对打架的原因心知肚明。据传这两对夫妻住在巴塞罗那时，巴尔加斯·略萨为了追求一位美丽的瑞典女人而抛下妻小。小道消息称，帕

特丽夏曾向加西亚·马尔克斯夫妇寻求安慰，他们建议她离婚。巴尔加斯·略萨与帕特丽夏和好后，她想必将一切都告诉了丈夫，这才让马尔克斯突然挨了一记重拳。然而，有些人认为，莫亚的讲述里暗示巴尔加斯·略萨怒火中蕴藏着朋友间更大的背叛。[10]

二人的敌意不仅仅表现在台面以下。2008 年 10 月 14 日，巴尔加斯·略萨在伦敦国王学院的一次演讲中抨击了欧洲多年来塑造的拉丁美洲形象背后的虚假异国情调，并进一步抨击了同情革命的虚伪，只要革命发生在他国就无关痛痒，他认为这是一种类似的、居心不良的异国情调。二人早于 1971 年就划清了明确的战线，尽管敌意有所缓和，但加西亚·马尔克斯和巴尔加斯·略萨的个人生活、政治立场的分歧并没有减少的迹象。至于梅塞德斯，她一直都没有原谅这位秘鲁作家对她丈夫的背叛行为。[11]

《百年孤独》的成功使加西亚·马尔克斯在文学创作上大放异彩。1972 年，他获得了南美洲久负盛名的罗慕洛·加拉戈斯文学奖，并于同年发表了短篇小说《纯真的埃伦蒂拉和她残忍祖母，令人难以置信的悲惨故事》（*La increíble y triste historia de la cándida Eréndira y de su abuela desalmada*）。这部作品可以被视作他的短篇小说的巅峰，包含了浓厚的魔幻现实主义成分，以冷峻的风格讲述了一个不可思议的事件——因为一次偶然烧毁了家里的房子，孙女被迫沦为妓女，而且为了还清烧毁

加西亚·马尔克斯和妻子梅塞德斯，儿子贡萨洛和罗德里戈。拍摄于1972年的巴塞罗那

房子欠下的债务，要当 200 年的妓女。因此，这个事件一开头呈现出梦幻般的景象，那些荒诞的计算方式竟然还产生了一个公式（即“照这样的速度，她需要 200 年才能还清欠我的债”）。《纯真的埃伦蒂拉》中的时间被描绘成掐头去尾或颠三倒四的现实，而不是连续的历史——“‘趁着明天出太阳把客厅的地毯洗洗。’她对埃伦蒂拉说，“从家里还热闹的时候开始，那地毯就没有见过太阳。’”这部小说的对白也言简意赅——“‘我从来没见过大海。’她说。‘就跟沙漠差不多，只不过全是水。’尤利西斯说道。”语言中还有一丝荒谬的幽默——“‘那他们为什么让你来这里当市长？’祖母问道。‘为了让天上下雨。’市长答道。”

也许最重要的是，小说对事件的描述方式在一定程度上决定了我们可将它解读为政治寓言。胡里奥·奥尔特加（Julio Ortega）指出，这个故事讲述的是女人的痛苦，具有戏仿和讽刺功能。为了讲述一个妓女的故事，灰姑娘的美好故事以狂欢的方式被反转。[12] 但这个故事的背后暗含着政治的象征意义：埃伦蒂拉毫无怨言地承担的奴隶制债务，可以被解读为拉丁美洲面对难以承受的债务时无法解脱的窘境。[13] 有趣的是，在这里我们可以发现《纯真的埃伦蒂拉》和《百年孤独》有异曲同工之妙[14]——债务并不是由坏人或错误的社会决策导致的，而是自然灾害造成的，因此，是难以避免的。埃伦蒂拉的错误就像《百年孤独》中的“第二股狂风”一样，是场自然灾害。

一时间，加西亚·马尔克斯被赞美声包围了。1972 年，他荣获美国纽斯塔特国际文学奖，同年，《枯枝败叶》的英文译本在纽约出版。这是加西亚·马尔克斯一生中最重要的政治阶段的开始。1973 年 9 月 11 日，奥古斯托·皮诺切特（Augusto Pinochet）将军发动政变，轰炸了玫瑰宫，杀害了萨尔瓦多·阿连德（Salvador Allende），在智利建立了一个极端高压的独裁政权。加西亚·马尔克斯因此深受打击，他给皮诺切特发了一封电报，电文中称："智利人民永远不会容忍一群像你这样的由北美帝国主义豢养的暴徒所统治。"[15] 次年，他发表了一篇题为《智利、政变与外国佬》（*Chile, el Golpe y los Gringos*）的文章，对皮诺切特进行了人身攻击，并且将皮诺切特政变归咎于美国政府。他进一步公开表示，如果皮诺切特继续掌权，他在《族长的秋天》出版后将不再发表小说。1974 年，为了更加具体、有条理地探讨拉丁美洲的政治问题，他在波哥大创办了左翼杂志《抉择》。他这些姿态逐渐赢得了菲德尔·卡斯特罗的好感，不像巴尔加斯·略萨等作家与古巴刻意保持距离，加西亚·马尔克斯向古巴政权逐渐靠拢。他将写有题词的第一册《族长的秋天》献给了菲德尔·卡斯特罗，通过利桑德罗·奥特罗把书送到古巴。[16] 在古巴革命初期，因为在拉丁社工作，马尔克斯和卡斯特罗在有些场合见过面，但并未建立起深厚的友谊。两人的友谊是在《族长的秋天》出版至他获得诺贝尔文学奖这段时间建立起来的。[17] 塞萨尔·莱安特（César Leante）认为，《族长的秋天》未能在古巴出版发行，也许是因为菲德尔·卡斯特罗从族长身上看到了自己的性格特

加西亚·马尔克斯正在创作《族长的秋天》。拍摄于20世纪70年代早期

点，[18] 但这种观点曲解了加博和菲德尔之间的关系。

《族长的秋天》是加西亚·马尔克斯作品中政治色彩非常浓厚的一部。这部讽刺文学的杰作开创了心理魔幻现实主义新风格，挥洒着魔幻现实主义的笔法，刻画出了独裁者喜怒无常的嘴脸。例如：独裁者决定举行宴会，将罗德里戈·德阿吉拉尔做成一道大餐，犒劳他的下级；把领海出售给外国佬，“但我万万没想到，他们竟然能用巨大无比的设备拿掉我给大海上的密码锁”。这显然是加西亚·马尔克斯写作的新风格。自 1968 年以来，他一直断断续续地写这部小说。他在 1968 年 4 月 1 日写给朋友阿尔弗雷多·伊里亚特（Alfredo Iriarte）的信中说道：“我写得不急不慌，尽管写得比较吃力……就是为了突破《百年孤独》的风格，尽量真正写出点新东西，这样下一部小说就不会自动或被动地从上一部小说的商业和评论方面的成功中获益。”[19]

《族长的秋天》中，独裁者过着离群索居的孤独日子，周围是一群在总统府随意游荡、到处拉屎的母牛。[20] 他还有一群妻妾，偶尔心血来潮就跟她们疯狂地做爱，连衣服都懒得脱，也不管她们得了麻风病还是中风了。读者是通过他的意识来看待这个世界，很少能够客观、直接地得到外部世界的信息。有一系列外国大使拜访了他，他们姓名虽然不同，但都提出了相同的建议——他应该卖掉大海来偿还国家的外债；荷西·伊格莱西奥·萨恩斯·德拉巴拉等多位军事顾问也曾拜访过他，并向他提供了外界发生的事情的报告（后来我们得知，这些报告是虚假的）。我们所看到的总统府邸以外的真实世界是碎片的。这位独裁者原以为自己成功地引诱了总统府对面学校的女学生，但他发现学校实际上已经关闭，这些女孩实际上是港口的妓女，拿了警察的钱才扮成女学生来满足他的变态需求。独裁者也一直未能发现是谁谋杀了妻子莱蒂西娅·纳萨雷诺和他们的儿子（两人最后都被野狗吃了）。有一次，他在电视上看到自己在发表演说（“屏幕上的演说人比我更瘦、更整洁，但坐在办公室里的人的确是我”）。独裁者明知自己无知，还要故作正经。总统府附近原来有一所荷兰人的疯人院，萨恩斯·德拉巴拉在那里设置了刑讯室，他知道此事后，参与到手下的撒谎行径，因为“经历了无数的岁月后，他发现谎言比怀疑更舒适，比爱更有用，比真相更持久”。他偏执起来是无止境的。他疑神疑鬼、无端猜忌，因此雇用了一个名叫帕特里西奥·阿拉贡内斯、长相跟他相似的人当替身。替身被毒死后，人们以为他死了，奔走相告、欢喜不已，他却按兵不动，等到人们瓜分他的赃物时突然走进屋子，把他们一个个处死。助手罗德里戈·德阿吉拉尔对他忠心耿耿，却被认为有叛国的嫌疑，于是被做成了一道宴席上的菜肴被人吃掉。

独裁者显然不是以某个人为原型的，而是许多拉丁美洲独裁者的集合体，其中包括把对手活着喂鲨鱼的多米尼加独裁者特鲁希略（Trujillo）和委内瑞拉独裁者皮尼利亚（Pinilla）等。《族长的秋天》不仅对历史上的独裁者进行了谴责，而且入木三分地剖析了这类人的典型特点——他杀人如麻、冷血无情

（甚至杀死了预测他何时何地死亡的预言家）；他开办妓院、逼良为娼；他有断袖之癖；他随意强奸，不知爱为何物；他妄想猜疑、不敢久眠；他无法与别人相互信任；他是食人禽兽；他践踏道德尊严、丝毫不容忍宗教人士的意见，公开羞辱并杀害他们；他无耻地把自己抬高到上帝在宇宙中的中心地位。[21]

这部小说在风格上更接近心理现实主义，而不是19世纪经典的现实主义。小说的叙事从故事的中间开始，人们发现了替身帕特里西奥·阿拉贡内斯的死亡，没有过多讲述这位独裁者是如何上台的。故事的基本时间顺序如下，首先是帕特里西奥·阿拉贡内斯的死，接着是罗德里戈·德阿吉拉尔的背叛，然后是独裁者与母亲的关系，再到他与莱蒂西娅·纳萨雷诺的恋情、婚姻及她的死亡，在此之后是他出售领海、顾问萨恩斯·德拉巴拉的死亡，最后是死亡降临并带走了独裁者。但小说的整体结构是手风琴式的，某些事件在记忆中通过重构得到扩展，而且事件是通过联想联结在一起，并非历史的前因后果。当然，在特定条件下，如果小说试图重现堕落独裁者的混乱思想，不同时代的事件之间的渗透是恰当的，严格的线性叙述无法表现主题。这种渗透也反映在人物之间思绪的轻松转换中。整部作品极富表现力地扩展运用了福楼拜的自由直接引语（style indirect libre）的叙述模式。在描写帕特里西奥·阿拉贡内斯弥留时，使用的是常用的第三人称过去时，但第一人称现在时的句子突然介入："滚烫的耙子撕裂了他的内脏，他什么话都说不出来，他的心又软了下，最后不再冒犯他，但几乎哀求道：‘我是一名严肃的将军，趁我现在还有一口气，跟我一起走吧。’”这种效果引人入胜，能够吸引读者的注意力，既给灵活性留下余地，又对我们产生直接的情感冲击，因为在句子读到一半时，我们突然听到了帕特里西奥的声音。各种声音的复调使加西亚·马尔克斯更丰富地描绘意识的解体，将其呈现为其他声音对心灵的入侵，而非意识逐渐消失。[22]我们在小说中看到的不是慢慢熄灭的一盏灯，相反，小说揭示了独裁者意识中的一间屋子，里面的灯火不断点亮、熄灭，从而打破了个人意识的单一感。这部小说为我们深刻地再现了一个极其丑陋的人物的思想，力透纸背、刻画入微。正如加西亚·马尔克斯在 1970 年 3 月 11 日写给阿尔弗雷多·伊里亚特的一封信中所言，“以完全抒情的风格处理一个肮脏血腥的主题是有一定好处的。这表明，即使在大便中也有诗歌”。[23]

1975 年，加西亚·马尔克斯离开西班牙回到墨西哥。第二年春天，他向菲德尔·卡斯特罗提出了一个无法拒绝的建议——愿意撰写古巴远征非洲的史诗故事。加西亚·马尔克斯亲自前往古巴讨论他的提议，菲德尔·卡斯特罗开着他的吉普车到国宾馆迎接。他们驱车兜风，一路上讨论马尔克斯的想法及诸如养活古巴这样的国家所遇到的困难等问题。[24]卡斯特罗接受了加西亚·马尔克斯的提议，允许他接触古巴军队的最高长官，特别是武装部队司令劳尔·卡斯特罗（Raúl Castro）。1977 年，《卡洛塔行动》（*Operación Carlota*）出版。在这组文章中，马尔克斯阐述了古巴在非洲发挥的作用，详细描述了古巴出兵安哥拉的卡洛塔行动的军事准备工作。该行动以 1843 年 11 月 5 日奋起反抗西班牙当局的一名奴隶命名，此次出兵是为了帮助安哥拉免遭南非帝国主义的入侵。加西亚·马尔克斯认为，安哥拉战争与其说是一次军事远征，不如说是一场“人民战争”，并指出，在目前切·格瓦拉（Che Guevara）和萨尔瓦多·阿连德遭到暗杀的倒行逆施暴行及美国对古巴边境的无限期封锁的背景下，出兵安哥拉取得的最终胜利对古巴和左翼不啻一种道德上的鼓舞。

在此期间，加西亚·马尔克斯对古巴的访问越来越频繁。加西亚·马尔克斯和妻子梅塞德斯通常住在国宾馆，卡斯特罗会开着吉普车接他们，然后一同去乡间兜风，讨论各种各样的问题，政治、文学、人权、政治庇护无所不谈。杰拉德·马丁在《加西亚·马尔克斯传》中提到过一个“吉普车对话”的例子：

> 我们的时间有点紧张，我准备在卡片上写下六个向他提问的要点。菲德尔笑话我每个要点都写得一丝不苟，他说：“这个行，那个不行，我们会做到这个，我们会做到另一个。”当他回答完第六个要点时，我们正穿过隧道前往哈瓦那，他问我：“第七个要点是什么？”卡片上没有第七个，但我不知道是不是魔鬼在我耳边低语，这么说吧，我觉得那可能是很好的机会。我说：“第七点在这里，但真的很尴尬！”“好吧，但告诉我它是什么。”我感觉像背着

降落伞被人推下飞机一样，我说：“如果我能带着重获自由的雷诺尔·冈萨雷斯（Reinol González）去墨西哥和他的妻子、孩子们一起度过圣诞节的话，这个家庭会感到多么幸福。”我没朝身后看，菲德尔也没有看我一眼，而是看着梅塞德斯说：“为什么梅塞德斯是这副表情？”而我没有回头看梅塞德斯脸上的表情，就回答道：“因为她可能在想，如果我带走雷诺尔·冈萨雷斯，让他搞了阴谋诡计、损害了革命，你就会认为我把事情彻底搞砸了。”接着，菲德尔看着梅塞德斯说道：“你瞧瞧，梅塞德斯，加夫列尔和我会做我们认为正确的事情，但过后，另一个人变成了无耻小人，那就是另一回事了！”[25]

这段对话非常重要，表明梅塞德斯也参与了加西亚·马尔克斯和卡斯特罗多年来进行的高层政治协商。马尔克斯的外交斡旋非常成功，雷诺尔·冈萨雷斯于 1977 年 12 月得以获释回家过圣诞节。[26]

1977 年，加西亚·马尔克斯和拉丁美洲老朋友、英国作家格雷厄姆·格林（Graham Greene）[27]一起应巴拿马总统奥马尔·托里霍斯（Omar Torrijos）的邀请，加入了为讨论巴拿马运河未来主权而成立的工作队伍。两位著名作家都因直言不讳地批评美国政府而收到美国的签证禁令。托里霍斯玩了有趣的花招，提出向他们提供巴拿马官方护照，以便他们能够参加在华盛顿举行的巴拿马主权条约的签署仪式，他们对此欣然接受。后来，当时的美国总统吉米 · 卡特（Jimmy Carter）得知这一计策时，也笑了起来。[28]

多年来，加西亚 · 马尔克斯一直很乐意让朋友把自己的短篇小说拍成电影。例如，他在 20 世纪 70 年代末，允许米格尔 · 利丁（Miguel Littín）把《寡妇蒙蒂尔》拍成电影。在一个名为特拉科塔尔卡罗的墨西哥小村庄拍摄期间，利丁认为这是神话般的马孔多的理想外景地。他打电话给加西亚 · 马尔克斯，问他应该如何向演员解释在吊床上做爱。这位哥伦比亚作家回答道："别急，等着，我会到那儿的。"一天清晨，加西亚 · 马尔克斯和梅塞德斯乘坐的直升机降落在片场，对如何在吊床上尽情做爱给演员们提供了非常有用的建议。[29]

尽管加西亚 · 马尔克斯公开宣布，只要在皮诺切特掌权期，他就一直不出版书籍，但在 1981 年，他打破了文学上的沉默，出版了《一桩事先张扬的凶杀案》。当时皮诺切特仍然是总统，直到 1991 年才因公民投票下台。这部小说写得不长但十分精彩，为他被提名为诺贝尔奖候选人添加了不少优势。《一桩事先张扬的凶杀案》首次印刷了 150 万册，加西亚 · 马尔克斯显然经历了不少坎坷；当时《枯枝败叶》出版时，不过印刷了区区 2000 册。这部新小说出版前，发生的一场无关文学的戏剧性事件确保了他的作品成功。加西亚 · 马尔克斯从墨西哥前往哥伦比亚，参加了在波哥大举行的小说首发仪式。但在波哥大，他风闻有人推测他与左翼恐怖组织 M-19 有联系，要密谋置他于死地。他受到惊吓，于是向墨西哥政府正式提出政治庇护的请求。为此，他在接受美国记者克劳迪亚·德莱福斯的（Claudia Dreifus）采访时说道：

幸好我在波哥大有很多朋友，无论说什么事情，只要有超过三个人在场，其中一个人肯定会告诉我。有三个消息来源告诉我，有人企图将我与 M-19 联系起来。显然，在总统府举行的晚宴上，有人当着总统和最高军事首脑的面，讨论了我涉嫌参与该组织的问题。与此同时，有游击队员受到关押并遭受酷刑，被迫在关于我的供词上签字。

嗯，我听到这个消息时，至少可以说很惊慌。我的消息来源告诉我不要担心，因为我是重要人物，政府不敢对我怎么样。但在我看来，政府可能想拿我开刀，以儆效尤，来显示他们根本不会在意什么人或什么身份。我只好立即前往墨西哥大使馆请求外交保护，以便离开哥伦比亚。官方的说法是，他们并没有要对我采取任何行动，而这一切只是我为新书做的宣传和炒作。[30]

加西亚·马尔克斯否认了炒作的说法。他在登机飞往墨西哥城的前几天说道：“这本书写出来后，就一直很成功。”[31] 当时《一桩事先张扬的凶杀案》正准备翻译成 32 种语言，哥伦比亚黑羊出版社（La Oveja Negra）尊重作者的意愿，给小说做了较低的定价，正如本森所言：

> 毫无疑问，这在一定程度上是该书立即被西班牙语读者接受的原因。在哥伦比亚的街头巷尾、杂货铺里、城市公交车上，甚至马路上有红绿灯的地方，人们都热切地购买此书。几天之内，该国的杂志和报纸就采访了这部小说中出现的所谓真实人物，因为作者公开承认这部小说是根据大约 30 年前的真实事件写的。[32]

在这样的情况下，难怪《一桩事先张扬的凶杀案》当时十分畅销，而且持续受到欢迎。

这部小说是根据戏剧性的真实事件改编而成。1951 年 1 月 22 日，在哥伦比亚苏克雷，当地教师玛格丽特 · 奇卡[33]与米格尔 · 雷耶斯 · 帕伦西亚（Miguel Reyes Palencia）结婚。婚礼进行得很顺利，但第二天早上新郎把新娘送回娘家，宣布婚姻无效，因为“新娘是二手货”。玛格丽特 · 奇卡失去了贞操，罪魁祸首是她的前男友卡耶塔诺 · 赫恩蒂莱。他是一位 22 岁的大三学生，就读于波哥大哈维利亚纳医学院，还是苏克雷最富有的家族的继承人。新娘的兄弟维克托 · 曼努埃尔（Víctor Manuel）和何塞 · 华金（José Joaquín）抓住赫恩蒂莱并杀死了他，因为他玷污了新娘家庭的名誉。加西亚 · 马尔克斯认识涉及此案的两家人，谋杀案的受害者卡耶塔诺 · 赫恩蒂莱是他的朋友。事实上，他回忆起他也参加过赫恩蒂莱死前的那个夏天在苏克雷举行的豪华聚会。赫恩蒂莱的母亲胡利耶塔 · 奇门托（Julieta Chimento）是马尔克斯的母亲路易莎 · 桑地亚加的“干姐妹”，因为她是马尔克斯家第八个孩子的教母。[34]

这部小说分为五章，每一章要么通过不同组合或群体的意识活动，要么采取各种书面文件提供棱镜般的折射效果，从不同角度审视这起谋杀案，产生了万花筒般的效果。与《百年孤独》一样，《一桩事先张扬的凶杀案》没有章节标题，也没有数字编号，让读者觉得这些章节相互滑动衔接，产生了新的互文共鸣。事实上，不同的视角并没有逐渐填补前几章留下的空白。在几个关键节点，同一事件从不同角度予以审视，但得出的解释却是相互矛盾的。[35] 理解这些矛盾节点在文本中发挥作用的方法之一，则是根据每一章所提供的空间和时间坐标来分析。《一桩事先张扬的凶杀案》重现了主人公圣地亚哥·纳萨尔被谋杀的五个场景，实际上迫使读者多次经历这起谋杀案，可以说正是这位哥伦比亚作家的艺术才能的产物。就像塞萨尔·巴列霍的诗歌《战役之三》（*Batallas III*）中的佩德罗·罗哈斯（诗歌中提到罗哈斯与他的两次死亡）一样，圣地亚哥的死在五个不同的场合被人反复讲述，因为他实际上是为不同的人群而死。[36] 当然，《一桩事先张扬的凶杀案》中叙述矛盾的核心是弄错身份，[37] 在马尔克斯的自传中也有类似的论述。例如，在描述魅力超凡的自由派领袖豪尔赫·埃利塞尔·盖坦遇刺时，他提到了一个在现场煽动复仇的人，但其他人似乎并不记得他。[38] 这样的细节也在《一桩事先张扬的凶杀案》中得到了体现，因为有人提出了同样的可能性，安赫拉·维卡里奥为了保护她的真正爱人，把圣地亚哥·纳萨尔指正为“假刺客”。

《一桩事先张扬的凶杀案》的每一章从不同视角聚焦圣地亚哥的死亡，角度包括不同人物的组合：圣地亚哥·纳萨尔与普拉西达·利内罗，圣罗曼与安赫拉·维卡里奥，维卡里奥兄弟，卡门·阿马尔多、调查此案的法官克里斯托·贝多亚与镇上的居民。事件描述采用了不同的文本体裁，包括口头证词（主要出现在最后一章，但贯穿整篇小说）、书面报告（如第三章的辩护律师报告）、尸检报告（第四章）和法官报告（第五章）。尽管视角上有差异，但书中主要人物出场的机会比较均衡，保障章节之间顺利过渡。比如，尽管维卡里奥兄弟在第三章中为读者了解事件的前因后果提供了核心要点，但在其他章节中则是小角色。小说的连续性也有赖于特定家庭场景的设置：第一章在圣地亚哥·纳萨尔家，第二章在维卡里奥家，而第三章部分设置在克洛蒂尔德·阿门塔家的商店，第四章则是里奥阿查监狱的全景，第五章部分场景设置在“镇议事厅肮脏、用木板搭建起来的办公室”内。通过这种叙述形式，加西亚·马尔克斯能够利用逐渐消失的家庭空间来展示社会道德慢慢败坏的过程。

加西亚·马尔克斯同样对原材料进行了加工，增强了戏剧效果。首先，他把人物之间的家庭纽带编织得更加紧密。卡耶塔诺·赫恩蒂莱是马尔克斯家的故交，在小说中成了路易莎·桑地亚加的教子；奇卡兄弟在小说中变成了双胞胎；叙述者变成新娘安赫拉·维卡里奥的表亲；当年，赫恩蒂莱是在邻居家中被谋杀的，[39]但在小说中，圣地亚哥·纳萨尔在自己家门外被杀害，他的母亲无意中把他锁在大门外面。为了增强事件的戏剧性效果，加西亚·马尔克斯还改变了某些细节：现实生活中的星期一变成了小说中的星期二，因为在西班牙语世界里，星期二是倒霉的一天；小说中谋杀案发生前，已有一连串的复杂微妙的不祥之兆，有些是普遍流传的迷信，有些与传统文学主题有关，另一些是文学结构所产生的预叙描写。[40] 但最令人叫绝的是，加西亚·马尔克斯完全颠倒了真实事件的顺序，让谋杀案在五个不同场景大致上演了一遍，每一章都增强了故事的悬念。这便是文学大师高超的技巧，时间成了他手中的王牌。

1981 年，加西亚·马尔克斯被授予法国军团勋章；同年，法国学者雅克·吉拉德出版了马尔克斯四卷本的新闻作品的第一卷《海岸文集：新闻作品》。同时，马尔克斯也写了一个电影剧本《桑地诺万岁》（*Viva Sandino*），讲述了桑地诺民族解放阵线在尼加拉瓜首都马那瓜发动的袭击，他们闯入了农业部部长何塞·玛利亚·卡斯蒂洛·关特博士的家中，将部长和他的家人扣为人质。这场绑架的结果是，桑地诺民族解放阵线取得了道德上的胜利，并且被允许在广播上传递他们的政治主张。这部政治剧尽管情感真挚，但由于叙述者与事件保持了一定的距离，情感不够强烈，不足以打动人心，电台成为报道冲突的载体，未能关注那些袭击者和被袭击的受害者。20 世纪 80 年代初，在获得诺贝尔奖之前，加西亚·马尔克斯想和母亲一起庆祝生日，但他被流放在国外，不在哥伦比亚，菲德尔·卡斯特罗把专机借给他，让他秘密飞往阿拉卡塔卡与母亲一起过生日。[41]

加西亚·马尔克斯在1982年10月获得了诺贝尔文学奖，这让他感到十分吃惊，整个世界都感到意外。[42]普利尼奥·阿普莱约·门多萨回忆道，1981年他与加西亚·马尔克斯交谈时提到，如果获得诺贝尔奖（他们都认为这是极不可能的），他就不得不穿上黑色燕尾服出席领奖仪式，他们都认为这样穿非常“不吉利”（pavoso）。[43]诺贝尔文学奖得主宣布后，在波哥大引发了一系列外交活动（当时加西亚·马尔克斯被流放海外，住在墨西哥城），诚如费尔南多·克鲁兹·克隆弗莱（Fernando Cruz Kronfly）所言，“一些哥伦比亚学者暗中惊慌失措”。[44]哥伦比亚政府觉得，把诺贝尔奖授予一位流亡作家对他们来说是非常尴尬的。似乎是为了补偿他被祖国遗弃的事实，获得诺贝尔奖的同时，加西亚·马尔克斯获得了古巴的费利克斯·瓦雷拉勋章和墨西哥授予外国人的阿兹特克雄鹰勋章。[45]

颁奖仪式的现场同时出现在瑞典和哥伦比亚的电视屏幕上。画面显示，在颁奖台的100多人、观众席的几百人中，加西亚·马尔克斯是唯一没有穿黑色燕尾服的人。他穿了一套白色衣服，即加勒比人日常穿的利奇装（liqui-liqui），佩戴着代表好运的黄玫瑰花，轰动了现场。显然，诺贝尔奖得主不着黑色正装还是第一次。[46]仪式后，普利尼奥·阿普莱约·门多萨的一位朋友对他说道：“普利尼奥，你跟加博是好朋友，你跟我说说，他领诺贝尔奖时为什么穿得像个厨师？”[47]加西亚·马尔克斯领奖时，有一群音乐家吹奏着加勒比曲风的音乐，给通常相当沉闷的场合带来了生气。仪式结束后，菲德尔·卡斯特罗送给加博1500瓶朗姆酒，这让瑞典首相府向古巴驻瑞典大使馆投诉，指责他们非法销售酒类。[48] 加西亚·马尔克斯在获得诺贝尔奖后，菲德尔·卡斯特罗将位于哈瓦那斯博尼区的6号礼宾别墅送给了他，外加一辆专用奔驰汽车供他在古巴随时使用。[49] 马尔克斯的母亲路易莎·桑地亚加在接受采访时，有人问她，儿子获得诺贝尔奖后，她对生活还有更多的要求吗？她说：“把电话修好怎么样？” [50]

加西亚·马尔克斯的诺贝尔演讲词题为《拉丁美洲的孤独》，在很大程度上呼应了他着装上的大胆行为。他抨击了欧洲面对拉丁美洲时的自鸣得意，攻击了当时的智利总统皮诺切特，指责他“完成了我们这个时代拉丁美洲的第一次种族灭绝”。他接着说，“有2000万拉丁美洲儿童在2岁生日前死亡，比所有在欧洲出生的儿童都多”。在说到失踪者时，他指出，很多妇女“在怀孕期间被捕，在阿根廷监狱分娩，但是，从那以后她们根本不知道孩子是谁、身在何处”。他的致辞具有深刻的现实意义，他提到的都是对于听众来说正在发生的事情，“自1979年以来，萨尔瓦多几乎每20分钟就产生1个难民”。然后，他话锋一转，批评欧洲理解拉丁美洲时，采用了并不完美的理论框架：“用我们完全陌生的模式来解释我们的现实问题，只能让我们变得更加不为人所知、更不自由、更加被孤立。”随后，他慷慨激昂地呼吁对拉丁美洲予以更多的理解：

> 如果可敬的欧洲尝试以自己的过去看我们，也许会更加同情我们；如果欧洲还记得伦敦需要300年的时间才建造好第一道防御墙，又过了300年才任命了第一任主教；第一个伊特拉斯坎人创造罗马的历史前，罗马人在混沌的黑暗中争论了20个世纪；爱好和平的瑞士人有我们喜欢的淡奶酪和时尚钟表，但是，在16世纪，他们还是让欧洲血流成河为钱卖命的雇佣兵。

这个观点就是加西亚·马尔克斯的小说《迷宫中的将军》中西蒙·玻利瓦尔与一位法国人争论时使用的。据此，他就欧洲对拉丁美洲的看法做出了最重要的评论："为什么我们在文学原创性方面得到了毫无保留的认可，而我们面对巨大的困难，在进行社会变革的尝试中却遭到各种各样的质疑和否定？"这显然暗示了他对古巴革命的支持。这次演讲就像他的小说一样，旁敲侧击地用隐喻影射政治，不乏冷嘲热讽。

我们如果再次仔细阅读马尔克斯的演讲词，会发现双重人格的概念对这位哥伦比亚作家的作品是多么重要。他在演讲词的开头一段中，提到安东尼奥·皮加菲塔①笔下麦哲伦对第一个土著人的描写："他们把在巴塔哥尼亚发现的第一个土著人带到镜子前，他看到自己的形象时恐惧发疯。"[51]这种本质上见到自己的影像造成的恐惧、惊慌是作者的早期作品《图巴尔-

① 安东尼奥·皮加菲塔（Antonio Pigafetta），随麦哲伦进行环球航行的佛罗伦萨水手。

加西亚·马尔克斯参加诺贝尔奖颁奖典礼，抵达斯德哥尔摩机场时亲吻妻子梅塞德斯

加西亚·马尔克斯身着利奇装，手拿诺贝尔奖章

卡因造星记》和代表作《百年孤独》的核心。双重人格主要是通过情节的句法来建构，该句法再现了自我与化身结合时产生的恐怖，正如导致世界末日的乱伦。前文所述，小说中这个主体还有很多变体，比如何塞·阿尔卡蒂奥·布恩迪亚的梦，他在梦中离开一个房间，目的是进入一个接一个完全相同的房间，而且必须记住他先进了哪个房间，才能从梦里醒来；奥雷里亚诺二世如何与何塞·阿尔卡蒂奥二世混在一起，弄不清楚谁埋在哪个坟墓里。就像发源于小说叙述主流的分流一样，双重人格是世界末日的发端。在这些故事背后，是对化身的恐惧，这种恐惧凝聚在尼古拉斯·马尔克斯上校制造出来的合法的婚姻家庭和非法的婚外家庭中。

注 释

1 “他领诺贝尔奖时为什么穿得像个厨师？”这是普利尼奥·阿普莱约·门多萨的一位朋友对加西亚·马尔克斯的评价，参考 2008 年 12 月 8 日普利尼奥·阿普莱约·门多萨在伦敦城市大学的演讲内容。

2 迈克尔·帕伦西亚－拉斯（Michael Palencia-Roth），《加夫列尔·加西亚·马尔克斯：线、圆圈和神话的变形》（*Gabriel García Márquez: la línea, el círculo y las metamorfosis del mito*, Madrid, 1983），第 137 页。

3 丽贾娜·詹姆斯（Regina James），《加夫列尔·加西亚·马尔克斯：仙境里的革命》（*Gabriel García Márquez: Revolution in Wonderland*, Columbia, 1981），第 78 页。

4 雅克·何塞特（Jacques Joset），《加夫列尔·加西亚·马尔克斯：永恒的伙伴》（*Gabriel García Márquez: coétano de la eternidad*, Amsterdam, 1984），第 25—29 页。

5 此数据截至 2008 年 1 月 15 日。

6 巴尔加斯·略萨，《加西亚·马尔克斯：弑神者的历史》，第 81 页。巴尔加斯·略萨出版了《加西亚·马尔克斯：弑神者的历史》之后，与安赫尔·拉马进行了精彩的对谈，他们将对谈内容整理出版了两人共同署名的《加西亚·马尔克斯与小说问题》（*García Márquez y la problemática de la novela*, Buenos Aires, 1973）。在书中，拉马批判了巴尔加斯·略萨不合时宜的浪漫主义美学思想（第 8 页），巴尔加斯·略萨反过来批判对方过时的“新卢卡斯主义信条”（第 22 页）。对此，拉马第一次回应便批判了巴尔加斯·略萨立场中的个人主义，认为作家是社会群体一部分（第 28—29 页）；巴尔加斯·略萨的回应是：作家既可以是社会的一分子，同时也可以是那个社会里的个人主义者和持不同政见者（第 50—52 页）。拉马的第二次也是最后一次回应，强调了他认为阶级对文学社会功能的重要性（第 60 页）。

7 安赫尔·埃斯特万，斯蒂芬妮·帕尼切利，《加博和菲德尔：友谊的风景》，第 48—55 页。

8 巴尔加斯·略萨开始称加西亚·马尔克斯为“卡斯特罗的婊子”（*el cortesano de Castro*），见《加博和菲德尔：友谊的风景》，第 66 页。

9 然而，巴尔加斯·略萨最终还是妥协了。2007 年，他允许将《加西亚·马尔克斯：弑神者的历史》的部分内容收录在由西班牙语言学院出版的《百年孤独》纪念版中。

10 托马斯·卡坦，《两个文学巨人背后的真相，一个青眼圈和 30 年的沉默》（*The truth behind two giants of literature, one black eye and 30 years of silence*），载《泰晤士报》（2007 年 3 月 13 日）。另见罗德里戈·莫亚（Rodrigo Moya），《黑眼圈的可怕故事》（*La terrífica historia de un ojo morado*），载《每日新闻报》（2007 年 3 月 6 日）。文章中还配有一张加西亚·马尔克斯眼圈青黑的照片，加西亚·马尔克斯和梅塞德斯前去找罗德里戈·莫亚，要求拍摄这张照片作为证据。梅塞德斯对巴尔加斯·略萨的行为愤怒不已，拍照时还不停地说他是个“嫉妒的蠢货”（*un celoso estúpido*）。

11 杰拉德·马丁，《加西亚·马尔克斯传》，第 390 页。

12《加西亚·马尔克斯：真相的相对主义》（*García Márquez posmoderno: el relativismo de la verdad*）。

13 阿诺尔·M. 佩努埃尔（Arnold M. Penuel），《〈纯真的埃伦蒂拉与残忍的祖母〉中的殖民主义主题》（*The Theme of Colonialism in La increíble y triste historia de la cándida Eréndira y de su abuela desalmada*），载《加西亚·马尔克斯的互文性》（*Intertextuality in García Márquez*, York, 1994），第 88—106 页。

14 埃伦娜·克莱门特利（Elena Clementelli）指出，这两部小说的共同主题是孤独，见《加西亚·马尔克斯》（*García Márquez*, Florence, 1975），第 126 页。

15 安赫尔·埃斯特万，斯蒂芬妮·帕尼切利，《加博和菲德尔》，第

98—99 页。

16 杰拉德 · 马丁，《加西亚 · 马尔克斯传》，第 389 页。

17 安赫尔 · 埃斯特万，斯蒂芬妮 · 帕尼切利，《加博和菲德尔：友谊的风景》，第 95 页。

18 同上书，第 117 页。

19 见如下网址：www.christies.com/LotFinder/lot_details.aspx?from=searchresults&intObjectID=1524776&sid=ee49b30a-a86b-47eb-8bcf-0f8cfff705ea。

20 玛莎 · L. 坎菲尔德（Martha L. Canfield）分析了小说中的"粪便主题"，《加西亚 · 马尔克斯的"族长"：西班牙美洲独裁者的文学原型》（*El 'patriarca' de García Márquez: arquetipo literario del dictador hispanoamericano*, Florence, 1984），第 39—45 页。

21 关于《族长的秋天》讽刺风格的精彩论述，见伊莎贝尔 · 罗德里格斯－韦加拉（Isabel Rodríguez-Vergara），《加西亚 · 马尔克斯的讽刺世界》（*El mundo satírico de Gabriel García Márquez*, Madrid, 1991），第 21—75 页。

22 乔 · 拉班伊（Jo Labanyi）认为，"这部小说有大量中间叙述者，令人眼花缭乱，都不靠谱"；《族长的秋天》（*El otoño del patriarca*），载《加夫列尔 · 加西亚 · 马尔克斯》（*Gabriel García Márquez*, Philadelphia, 2007），哈罗德 · 布鲁姆编，第 145—158 页。关于各种声音如何相互对抗的，见卡尔曼 · 巴尔西（Kalman Barsy），《〈族长的秋天〉的辩证结构》（*La estructura dialéctica de 'El otoño del patriarca'*, Río Piedras, 1989）。

23 见如下网址：www.christies.com/LotFinder/lot_details.aspx?from=searchresults&intObjectID=1524776&sid=ee49b30a-a86b-47eb-8bcf-0f8cfff705ea。

24 杰拉德 · 马丁，《加西亚 · 马尔克斯传》，第 391 页。

25 同上书，第 393—394 页。

26 同上书，第 396 页。

27 莫汉·拉马汉（Mohan Ramahan），《格雷厄姆·格林的拉丁美洲》（*Graham Greene's Latin America*），载《加西亚·马尔克斯与拉丁美洲》（*García Márquez and Latin America*, London, 1987），阿洛克·巴拉（Alok Bhalla）编，第116—128页。

28 安赫尔·埃斯特万，斯蒂芬妮·帕尼切利，《加博和菲德尔：友谊的风景》，第174—175页。

29 米格尔·利丁认为，加西亚·马尔克斯文学作品的核心在于无意识的表达，但是这些作品在银幕上表现得并不好。利丁还进一步提出，存在两个马尔克斯，一位是“难以分类”的文学家，另一位是热爱新现实主义电影的影迷。见雷斯特雷波·桑切斯（Restrepo Sánchez），《加夫列尔·加西亚·马尔克斯和电影》（*Gabriel García Márquez y el cine*, Barranquilla, 2001），第74—76页。

30 克劳迪亚·德莱福斯，《花花公子访谈：加夫列尔·加西亚·马尔克斯》（*Playboy Interview: Gabriel García Márquez*）。

31 约翰·本森（John Benson）在《拉丁美洲文学评论》（*Latin American Literary Review*）第11卷第63—67页，一篇名为《一桩事先张扬的凶杀案》（*Crónica de una muerte anunciada*）的文章中引述了这句话。

32 同上书，第64页。

33 加西亚·马尔克斯，《活着为了讲述》，第382—383页。

34 同上书，第383页。

35 唐纳德·肖（Donald Shaw），《〈一桩事先张扬的凶杀案〉：叙述功能与阐释》（*Chronicle of a Death Foretold: Narrative Function and Interpretation*），载《加夫列尔·加西亚·马尔克斯批评视角》（*Critical Perspectives on Gabriel García Márquez*），布拉德里·A.肖（Bradley A. Shaw），诺拉·维拉－戈德温（Nora Vera-Godwin）编，第91—104页。

36 巴列霍在他的诗歌《战役之三》中，从西班牙的角度描述了共和党军人之死，他还提到佩德罗·罗哈斯的死亡不仅是一个“男人之死”，对他的孩子而言还是“父亲之死”，对他的妻子是“丈夫之死”，对他工作中的朋友而言是“铁路工人之死”，这表明他的死亡在社区中产生了各种影响，并不仅是纯粹的“一人之死”。见《塞萨尔·巴列霍诗歌选集》（*César Vallejo: Selected Poems*, London, 2000），由史蒂芬·哈特编，第 84—86 页。

37 阿米丽亚·S. 辛普森（Amelia S. Simpson），《拉丁美洲侦探小说》（*Detective Fiction from Latin America*, Toronto, 1990），第 167—175 页。

38 加西亚·马尔克斯，《活着为了讲述》，第 283 页。

39 以利吉奥·加西亚·马尔克斯，《圣地亚哥·纳萨尔的第三次死亡》（*La tercera muerte de Santago Nasar*, Mexico City, 1989），第 40—41 页。

40 约瑟法·萨蒙（Josefa Salmon），《〈百年孤独〉与〈一桩事先张扬的凶杀案〉的预告力》（*El poder de la anunciación en Cien años de soledad y Crónica de una muerte anunciada*），载《文学话语：西班牙主题杂志》（*Discurso Literario: Revista de Temas Hispánicos*），第 1 期，第 67—77 页。

41 安赫尔·埃斯特万，斯蒂芬妮·帕尼切利，《加博和菲德尔：友谊的风景》，第 167—168 页。

42 亚瑟·伦德奎斯特（Arthur Lundkvist）是诺贝尔委员会 18 人小组的成员，也是西班牙和拉丁美洲文学专家。他在一次采访中指出，加西亚·马尔克斯获得诺贝尔奖主要是因为《百年孤独》，尽管这部小说早在 15 年前就出版了。

43 内容参考 2008 年 12 月 8 日普利尼奥·阿普莱约·门多萨在伦敦城市大学的演讲。对“*pavoso*”的定义参阅玛格丽特·S. 德奥利维拉·卡斯特罗，《加西亚·马尔克斯的混合语言》，第 279 页。

44《诺贝尔奖的孤独》（*La soledad del Nobel*），载《拉丁美洲的孤独》（*La soledad de América Latina*），第 31—48 页。

45 安赫尔·埃斯特万，斯蒂芬妮·帕尼切利，《加博和菲德尔：友谊的风景》，第 196 页。

46 同上书，第 199 页。

47 内容参考 2008 年 12 月 8 日普利尼奥 · 阿普莱约 · 门多萨在伦敦城市大学的演讲。

48 安赫尔 · 埃斯特万，斯蒂芬妮 · 帕尼切利，《加博和菲德尔：友谊的风景》，第 199 页。

49 同上书，第 209 页。

50 西尔维亚 · 加尔维斯，《加西亚 · 马尔克斯家族》，第 18 页。

51 加西亚 · 马尔克斯，《拉丁美洲的孤独：1982 年诺贝尔奖领奖致辞》（*The Solitude of Latin America: Nobel address 1982*）。

第六章

“他是位大臣，但我们不知道是哪个国家的”[1]

1982年加西亚·马尔克斯获得诺贝尔文学奖之后，他简直成了一个兼具摇滚明星、音乐家和国家元首多重身份的人物。更为不可思议的是，他的获奖作品《百年孤独》成了一种创作模式，许多拉丁美洲及其他地区的作家纷纷效仿这种模式。在西班牙语文学界，也出现了一系列的模仿作品，其中包括著名的伊莎贝尔·阿连德的《幽灵之家》（*The House of the Spirits*）、劳拉·埃斯基韦尔的《恰似水之于巧克力》（*Like Water for Chocolate*）和路易斯·塞普尔维达的《读爱情故事的老人》（*The Old Man who Read Love Stories*）。在非西班牙语国家出现的对魔幻现实主义叙事模式的重新构思同样具有重要意义，例如萨尔曼·鲁西迪的《午夜之子》（*Midnight's Children*）、中上健次的《千年愉乐》（*A Thousand Years of Pleasure*）、威廉·肯尼迪的《紫苑草》（*Ironweed*）、帕特里克·聚斯金德的《香水》（*Perfume*）、塔哈尔·本·杰伦的《沙之子》（*L'Enfant du sable*）、若泽·萨拉马戈的《石筏》（*The Stone Raft*）、阿米塔夫·高希的《理性环》（*The Circle of Reason*）、托妮·莫里森的《宠儿》（*Beloved*）和本·奥克瑞的《饥饿之路》（*The Famished Road*）。

魔幻现实主义吸引了许多作家的广泛关注，原因之一在于它能够描绘“一个被文化移位、撕裂、扭曲而令人难以置信的世界”。[2] 正如让－彼埃尔·杜瑞斯所言：“帝国主义列强不仅剥夺殖民地人民的领土和财富，也剥夺了他们的想象力。”[3] 事实上，鲁西迪的《午夜之子》等小说就是试图通过采用加西亚·马尔克斯的写作模式来弥补这一点。魔幻现实主义之所以能够从拉丁美洲传播到世界各地的文化海岸，是由于其内在的多元化，而并非高度的融合性。特别是对于那些刚刚摆脱殖民主义魔爪的国家的作家来说，魔幻现实主义似乎成了霍米·巴巴所谓的“新兴后殖民世界的文学语言”。[4]

加西亚·马尔克斯很快就发现自己受到媒体的追捧，受邀在世界各地演讲，编辑和出版商也争相争取他的下一本书。他曾对巴尔加斯·略萨说：“我收到一封西班牙编辑的信，他愿意让我住在他于帕尔马的别墅里，还包了我在那里的生活费，随我住多久，只要我愿意把下一部小说给他。我回信给他，他可能搞错了，因为我不是妓女。”[5] 他开始抱怨那些记者会来找他，和他一起喝得烂醉直到凌晨2点，然后在文章中报道一些未经许可的事情。[6] 因此，他决定不再接受无数的采访，而是利用自己刚刚获得的名声来帮助老朋友普利尼奥·阿普莱约·门多萨——一个与他同甘共苦的人，一起出版了一本他们二人的对话集，名为《番石榴飘香：对话加夫列尔 · 加西亚 · 马尔克斯》。这无疑是了解加西亚 · 马尔克斯思维方式的最佳途径。的确，普利尼奥确实是加西亚 · 马尔克斯的完美陪衬，不仅因为他非常了解马尔克斯，而且令人惊喜的是他讲喜剧故事的技巧几乎能与这位伟大的作家相媲美。

加西亚 · 马尔克斯获得诺贝尔奖之后面临着巨大的创作压力，他需要继续创作杰出的作品。[7]他并没有让读者失望。1985 年，他出版了《霍乱时期的爱情》。许多读者对这部作品一直翘首以盼，因为这本小说被推崇为讲述他父母的爱情故事的重要作品。加西亚 · 马尔克斯在卡塔赫纳逗留期间完成了小说的大部分内容；返回墨西哥之前，因为对哥伦比亚政府关于他政治立场的声明感到不安，他把一份未经修改的手稿留给妹妹玛戈特，告诉她如果自己回来了，就把手稿还给自己，万一回不来则必须销毁手稿，以防别人在他去世后盗用。加博抵达墨西哥后立刻给妹妹打电话报平安，同时让她销毁手稿。玛戈特一页一页地将手稿烧掉，多年后她会想，不知道这些手稿在今天值多少钱？[8]这本小说最终大获成功，印刷量仅次于《百年孤独》。

《霍乱时期的爱情》与加西亚 · 马尔克斯的其他作品一样，是由他个人生活中的各种事件和片段拼凑而成，加之戏谑的转折，以增强情节的紧张感。[9]正如马尔克斯在 1988 年的一次采访中指出的那样，这部小说以他父母的爱情故事为基础，但通过另一个故事来呈现——他曾在报纸上读到的一对恋人的故事。这两个人秘密幽会50多年，同时又一直假装与各自的配偶婚姻幸福，最后有个导游为获得14美元谋杀了他们，他们的故事才被公之于众。[10]这个故事被写进了《霍乱时期的爱情》中，弗洛伦蒂诺·阿里萨把这段新闻剪下来，寄给费尔明娜·达萨，但“没有发表任何评论”，尽管这是对他俩关系的尖锐评论：“警方发现，这对被打死的老夫妇是秘密情人，他们40年来都在一起度假，但他们都有稳定、幸福的婚姻，还有非常庞大的家庭。”[11]

在现实中，加夫列尔·以利吉奥向路易莎·桑地亚加展开追求时，后者的家人反对他的求婚，为了防止两人的爱情开花结果，将路易莎送到山区旅行。当时加夫列尔·以利吉奥是一名电报员，所以他能够与路易莎保持联系，等她最终回来时，他重新提出了求婚。最终，路易莎的家人屈服了，于是加西亚·马尔克斯的父母于1926年6月11日结婚。[12]加夫列尔·以利吉奥和路易莎·桑地亚加之间的爱情故事在家族中明显具有传奇色彩，不只是加博，而且还对其他所有的孩子产生了影响。例如，路易莎离开阿拉卡塔卡，被“流放”到瓜希拉省期间，以利吉奥写诗寄给她，海梅明显被母亲回忆此事时流露出来的深情所打动。[13]加西亚·马尔克斯在小说中添加了这则刊登在报纸上的隐瞒了50多年的地下恋情故事，改变了小说的情节走向。弗洛伦蒂诺·阿里萨爱上了费尔明娜·达萨，向她求婚，但被拒绝。费尔明娜被送到安第斯山脉，在那里待了一年。然而，小说与现实生活不同的是，她回来后发现自己已经不爱弗洛伦蒂诺了：“今天见到你时，我意识到我们之间只是一种幻觉。”她选择了更有安全感的婚姻，与当地医生胡维纳尔·乌尔比诺结婚。弗洛伦蒂诺决定等她，这意味着要等50多年，直到胡维纳尔·乌尔比诺去世。

加西亚·马尔克斯决定让费尔明娜·达萨有两个爱人，而不是像路易莎·桑地亚加那样只有一个爱人，这样他就能探索爱情的不同方面，合法婚姻的平凡日常生活追求安稳（如胡维纳尔·乌尔比诺所说，“美满婚姻中最重要的不是幸福，而是稳定”，还有关于浴室是否有肥皂的幼稚争论）。而弗洛伦蒂诺所追求的是那种大写的浪漫爱情，无望、可悲都是其中的关键词。正如费尔明娜的表姐伊尔德布兰达所说的那样，“他又丑又悲伤……但他全都是爱”。他对费尔明娜的爱之深沉可见一斑，他等了她50多年；他在墓地为她弹奏情歌，旋律随风传到她的耳边；他在镜子中瞥见她的倩影，2小时后他把镜子买回来，只为了留住那（无法捕捉）的记忆。小说还在玩味肉体与精神之间的爱情差别，即所谓的“裤腰以上的爱”和“裤腰以下的爱”。[14] 尽管弗洛伦蒂诺有过非常多的情感纠葛和短暂的性经历（总共有532次），但他仍然坚信自己对费尔明娜的爱超越了他与数百个女人经历过的肉体之爱，这样他就可以对费尔明娜说“为你，我一直守身如玉”。然而，也许更重要的是，加西亚·马尔克斯巧妙地将两个爱人对照着写，这种叙事手法可同时呈现不同的时间和视角。我们在追踪费尔明娜的婚姻历程时，每逢关键时刻，我们会意识到弗洛伦蒂诺一直在暗中观看。诗歌比赛就是个有力的例证。费尔明娜那时已是当地的显要人物，由她宣布诗歌比赛的获胜者。弗洛伦蒂诺只为能够一瞥她的风采而参加了这一活动，也许还希望听她念出他的名字，宣布他赢得比赛。然而，这也为他邂逅萨拉·诺列加带来了机会，随后两人展开了一段恋情。

这部小说的结构形如一个循环的旋涡：先提及事件，然后追根溯源，这样读者就能理解这些事件的来龙去脉，最终从不同的视角重新审视这些事件。例如，在小说的第一章中，我们看到胡维纳尔·乌尔比诺发现他的朋友赫雷米亚·德圣阿莫尔自杀，查看了尸体后回到家里，他试图捕捉一只鹦鹉，结果从梯子上摔下来丧命；[15]弗洛伦蒂诺向刚失去丈夫的费尔明娜发出了海誓山盟，而这些事件的全部意义直到后来才浮出水面。赫雷米亚·德圣阿莫尔爱着一个住在郊区的混血女人，此事具有重要意义，因为这与胡维纳尔·乌尔比诺多年前和芭芭拉·林奇的隐秘恋情相呼应。芭芭拉是城市郊区的一个黑人，由此引出了贯穿整个小说的主题——隐秘的恋情，这也与弗洛伦蒂诺和费尔明娜的隐秘爱情相呼应，随着小说情节的推进而逐渐浮现出来。

《霍乱时期的爱情》不是按照19世纪小说常用的时间顺序，它是离心的、曲折的，就像一条河流有支流和小溪，故事的子情节像蜿蜒的马格达莱纳河一样慢慢地流入大海。叙事如旋涡和暗流般展开，时间倒流，我们重新审视过去的事件。因此，我们亲眼看到弗洛伦蒂诺参加诗歌比赛，然后听到费尔明娜回忆起他们乘坐“新忠诚号”船时如何谈论这些往事：

> 弗洛伦蒂诺告诉她，他多么渴望在诗歌比赛上看到她，在热气球飞行中看到她，在杂技演员的自行车上看到她，每年他都焦急等待各种公共节日，只为能够见到她。她也经常看到他，但她从未想过他只是为了见她才去那里。然而，大概一年前，她读了他的信，还思考他为什么从未参加过诗歌比赛。他如果参加，毫无疑问会获奖的。弗洛伦蒂诺·阿里萨对她撒谎了，他说自己只为她写诗，所有诗都是献给她的，而那些诗句的读者只有他本人。

叙述者详细描述了所有事件——每年 4 月 15 日举行的诗歌比赛、热气球之旅、杂技表演，读者就像看普鲁斯特[①]的小说一样，在回忆中重新体验这些事件，同时也看着这些记忆在眼前再度被重塑。

我们知道弗洛伦蒂诺曾经提交过自己的诗作，虽然徒劳无功，但他试图体验费尔明娜不得不在公开场合宣读他名字的乐趣。我们也可以看到他对她撒谎的原因，弗洛伦蒂诺善用言辞，写信作诗只有一个目的：引诱费尔明娜。加西亚·马尔克斯表明，引诱是一项高技能的活动，需要计划、创造力、智慧和决心。即便他和费尔明娜在同一条船上，他仍然要给她写

---

① 马塞尔·普鲁斯特（Marcel Proust），意识流文学的先驱与大师，20 世纪法国最伟大的小说家之一，著有《追忆似水年华》等。

信，送上一朵白玫瑰。正是因为弗洛伦蒂诺提及了自己的爱情诗，费尔明娜才最终向他伸出了手："那时，是她在黑暗中伸手去拉住他的手。"这个引诱场景也更具意义，因为读者还记得多年前诗歌比赛之后的引诱场景，当时弗洛伦蒂诺被丰满的萨拉·诺列加所引诱。这些加西亚·马尔克斯叙述中的暗流和旋涡——小说人物生活中的重要事件，例如弗洛伦蒂诺向费尔明娜求婚，胡维纳尔·乌尔比诺因捕捉鹦鹉而丧生，费尔明娜用"不，请……忘了吧"拒绝了弗洛伦蒂诺——在叙事的河流中回荡，令人难以忘怀。

小说中还存在一些谜团，增添了一种神秘的氛围。尽管叙述者表面上掌握着故事的节奏和细节，但仍有一些事件没有得到解释，读者必须自行解读这些情节。考虑到阿美利加·维库尼亚如此迷恋弗洛伦蒂诺，读者可能会推测，她自杀也许是因为被他抛弃了。这一事件的消息从电报中传来："阿美利加·维库尼亚昨日死亡，死因不明。"事实上，导致维库尼亚结束自己生命的决定因素无疑是她发现了情书："某个周六下午，阿美利加·维库尼亚独自待在窗口街的卧室里，她在一个没有钥匙的衣柜里发现了弗洛伦蒂诺·阿里萨的随想录打印本和费尔明娜·达萨的手写信件。"叙述者毫不掩饰地描述了此事，即使没有任何评论，也不妨碍读者将此事视为阿美利加·维库尼亚死亡的主要原因。这个结论是读者自行推导出来的。

有时候，往事会以淹没现实的方式回归。费尔明娜·达萨父亲洛伦索·达萨的真正身份就是这样暴露在读者面前的，我们在小说的最后一章，也就是第六章中从名为《正义报》的报纸中得知，他表面上是一名骡夫，实际上他以此作为造假行骗、枪支走私等非法活动的幌子。唯一蹊跷的是洛伦索·达萨在神秘失踪前说的话（“我们破产了”）。这家报纸还揭示了第二件事，造成了更复杂的影响。《正义报》声称，胡维纳尔·乌尔比诺与卢克雷西娅·德尔雷亚尔·德尔奥比斯波有染。叙述者描述这一指控的方式，让人怀疑其真实性：

> 《正义报》刊登了一篇头版文章，附有两位主角的照片，指控医生胡维纳尔·乌尔比诺和卢克雷西娅·德尔雷亚尔·德尔奥比斯波之间有秘密恋情。文章对他们的关系细节、会面频率以及会面安排进行猜测，还揭示了女方丈夫的纵欲行为，他在自己的甘蔗种植园里与黑人有着非法的淫乱行为。这篇文章用血色的墨水以巨大的黑体字刊登，如一场雷鸣般的灾难降临在软弱的当地贵族身上。然而，这篇文章没有一句是真话：胡维纳尔·乌尔比诺和卢克雷西娅·德尔雷亚尔·德尔奥比斯波只是单身时的亲密朋友，他们在婚后依然保持着友谊，但从未成为恋人。

考虑到小说中叙事者的讲述具有一定的权威性（例如，他对卡塔赫纳等城市的历史演变了如指掌，也了解城市居民生活的私密细节），既然他对报道不屑一顾（“这篇文章没有一句是真话”），我们第一反应也会认为这是毫无根据的谣言。然而随后增加的一些细节似乎在暗示，尽管叙述者否认，这个报道可能有一些真实的依据。首先，《正义报》刊登的另一篇关于费尔明娜的父亲洛伦索·达萨的头条新闻并没有受到质疑，只是简单地作为事实呈现在读者面前。其次，我们知道“卢克雷西娅·德尔雷亚尔从此再也没有拜访过费尔明娜·达萨，并且费尔明娜·达萨把这看成是认罪”。最后，费尔明娜尖锐地侮辱了卢克雷西娅·德尔雷亚尔：“她通过任何可以帮她传话的人告诉卢克雷西娅·德尔雷亚尔，她与那么多男人发生过关系，其中只要有一个是真正男子汉，她就应该感到安慰。”

然而，也许最重要的线索隐藏在卢克雷西娅的名字中。加西亚·马尔克斯经常使用名字来表现角色的性格或暗示其真实身份。这些线索有多种功能，有些可能具有讽刺意味，就像安的列斯群岛病恹恹的赫雷米亚·德圣阿莫尔一样，这个名字既蕴含了《圣经》中的“使徒”一词，也包含着关于爱情的词语；或者添加某种隐喻，比如胡维纳尔·乌尔比诺，他讽刺自己所居住的城市，就像罗马诗人尤维纳利斯（在西班牙语中为胡维纳尔）讽刺自己的家乡罗马一样；另一个功能是幽默，弗洛伦蒂诺提到过一个名字——德国移民洛达里奥·图古特（Lotario Thugut），他以非凡的做爱能力而闻名，他能让与他发生性关系的妓女兴奋地尖叫。根据西班牙语的发音规则，“Thugut”听起来像英语的“too good”，这可能是妓女在与他做爱时对他说的话。因此，卢克雷西娅的真实身份就隐藏在她的名字中：卢克雷西娅本是古罗马传说中的人物，也是罗马贵族，因被人强奸后自杀而闻名，这个名字可能与贵族罪恶的性行为以及被压抑的潜在性行为有关；而名字中的德尔雷亚尔·德尔奥比斯波则暗含国王和主教的联系，马尔克斯戏谑地暗示了读者罪恶的根源所在。但这些只是名字本身蕴含的暗示和影射，值得强调的是，叙事者知道的胡维纳尔·乌尔比诺唯一的通奸对象是芭芭拉·林奇。胡维纳尔·乌尔比诺与卢克雷西娅·德尔雷亚尔·德尔奥比斯波之间的所谓奸情是小说中的未解之谜，这表明《霍乱时期的爱情》的叙事者与《一桩事先张扬的凶杀案》的叙事者一样不可靠，尽管他表面上给人留下了真实和忠于事实的印象。《霍乱时期的爱情》讲的是马尔克斯父母的故事，而他父亲于 1985 年去世，恰逢该小说发表那一年。[16] 在父亲的葬礼上，加博与弟弟们一样心痛不已，男人们都“哭得像孩子一样”。[17]

菲德尔·卡斯特罗送给加西亚·马尔克斯一套礼宾别墅后，马尔克斯每年都会定期前往古巴，通常 12 月到次年 1 月都住在那里，以便参加于 12 月初举办的拉美新电影节（又称哈瓦那电影节）。他利用新获得的声望，着手实现多年来的雄心壮志——在拉丁美洲建立一所能与欧美相媲美的电影学校。1983—1985 年，加西亚·马尔克斯为这个项目不懈努力，与两位古巴人合作，分别是《低度开发的回忆》（*Memories of Underdevelopment*）的导演托马斯·古铁雷斯·阿莱亚和古巴电影学院的前负责人、“非完美电影”创始人胡里奥·加西亚·埃斯皮诺萨，还有阿根廷反传统观念的纪录片导演费尔南

加西亚·马尔克斯与费尔南多·比里、托马斯·古铁雷斯·阿莱亚、胡里奥·加西亚·埃斯皮诺萨于1986年12月一同出现在圣安东尼奥·德洛斯巴尼奥斯的国际影视学院

多·比里，他在1958年执导了《扔给我一毛钱吧》（*Throw us a Dime*）。1986年电影节前几周，加西亚·马尔克斯在哈瓦那的家中举行了长时间的会议，人们对该团队充满期待，希望他们能够在电影节开幕式上公布谈论结果。会议接近尾声时，阿尔弗雷多·布莱斯·埃切尼克（Alfredo Bryce Echenique）亲眼看见了加西亚·马尔克斯展示出的政治智慧：“在建立新拉美电影基金会时，我看到了加博如何运用自己的政治手段，他明确知道自己追求的目标和将要得到的东西。他将这个项目打造得非常细致，注重每个细节，而他对待每个项目都是如此。”胡里奥·加西亚·埃斯皮诺萨回忆道，1986年11月，菲德尔来到他位于新维达多的公寓拜访他，说：“让我们绕着街区走走，讨论下一步需要做些什么。”于是，加西亚·埃斯皮诺萨和他一起出去散步。菲德尔问他：“你想要什么？”加西亚·埃斯皮诺萨回答：“电影学校。”菲德尔说：“电影学校？就这么简单？”他有些困惑地问道。“是的。”加西亚·埃斯皮诺萨回答，“那是加博想要的，也是我们想要的。”菲德尔说：“好的，没问题。”[18]

于是，新拉美电影基金会在哈瓦那成立，加西亚·马尔克斯担任主席，能干的阿尔基米娅·培尼亚（Alquimia Peña）担任董事长。该基金会于1986年12月4日在第八届哈瓦那电影节期间揭幕，并于1986年12月15日成立国际影视学院。这所电影学院的四位联合创始人是加西亚·马尔克斯、胡里奥·加西亚·埃斯皮诺萨、托马斯·古铁雷斯·阿莱亚，以及同意担任学校首任院长的费尔南多·比里。这四位创始人曾在罗马的电影实验中心学习，新现实主义让他们走到了一起。国际影视学院建在离哈瓦那约48千米外的城市圣安东尼奥·德洛斯巴尼奥斯郊区的一座废弃学校大楼里。学校开幕宴会由吉尔伯托·史密斯（Gilberto Smith）主厨，他是菲德尔·卡斯特罗多年的私人厨师，在20世纪80年代经常为加博和菲德尔烹饪。据厨师回忆，他为加西亚·马尔克斯做过马孔多风格的龙虾，为菲德尔做过龟肉清汤。[19]影视学校并未获得古巴政府的资助，建校初期，加西亚·马尔克斯允许将采访费直接汇到学校，为学校提供资金。1989年10月29日，英国独立电视台在梅尔文·布莱格（Melvyn Bragg）主持的《南岸秀》（*The South Bank Show*）中播出了对马尔克斯的采访，历时3小时，收费3万美元。[20]此后，他还慷慨地同意每年给影视学校的学生授课，主题为“如何写故事”，除非他生病，讲座每年如期举行。[21]国际影视学院项目还带来了一些重要的合作，例如，每年2月或3月举行的哥伦比亚卡塔赫纳国际电影节①，至今已连续举办多年。加西亚·马尔克斯多年来一直担任该影视节的评审员。[22]

加西亚·马尔克斯凭借着诺贝尔奖得主的地位，不仅在文学上发声，还在政治方面发表了一些观点。1986年8月6日，他在墨西哥伊斯塔帕进行了以《达摩克利斯的灾变》为主题的

---

① 自1980年起改在6月举行。

演讲，充满激情地呼吁两个超级大国把花在核导弹上的预算转向基本教育、改善医疗保健以及为所有人提供饮用水，特别是他要求在场的人创建一个连核战争造成的世界末日都无法摧毁的“记忆方舟”。[23]

以新闻记者的视角看待世界是加西亚·马尔克斯无法改变的兴趣，1986 年，他出版了《米格尔在智利的地下行动》（*Clandestine in Chile: The Adventures of Miguel Littín*）一书。1968 年，米格尔·利丁执导了《那维托洛的豺狼》（*The Chacalof Nahueltoro*），通过一个精神病患者的故事深刻揭示了智利社会制度的失败。萨尔瓦多·阿连德执政期间（1970—1973 年），米格尔·利丁全力支持阿连德，然而在 1973 年 9 月 11 日政变爆发后，他被迫流亡海外。他被列入皮诺切特的 5000 人黑名单上，永远不能返回智利，但他还是决定勇敢地回到智利进行秘密拍摄（尽管有点鲁莽）。与 30 年前写路易斯·亚历杭德罗·贝拉斯科的报道一样，加西亚·马尔克斯决定以第一人称叙述故事，让故事情节快速推进，还在文本中穿插一种迫在眉睫的危险感（不过，叙事者害怕的不是加勒比海的鲨鱼，而是皮诺切特的爪牙）。作品生动地描述了米格尔·利丁在智利的经历，他目睹了圣地亚哥的壮丽景象，对此惊讶不已[24]——他原以为那里会更破旧；他想起自己被警察拘留，并在最后时刻逃脱的经历；很难找到愿意接受他采访的人；与岳母见面，由于他隐姓埋名，她没有认出他来；对于“rasurar”一词的滑稽误解（这个词原本意思是“刮胡子”，但

2008 年 7 月，国际影视学院里的马尔克斯雕像

在20世纪80年代已被更中性的词语“afeitar”取代）；访问黑岛聂鲁达故居时感到悲伤；逃离三名警察追捕的经历，这些情节都精彩纷呈。显然，加西亚·马尔克斯在新闻与文学的融合上表现出色。外界对这部作品的反应各异，萨尔曼·鲁西迪写信给米格尔·利丁，批评他让自己成为一个马尔克斯式的人物；[25]而皮诺切特对这本书很愤怒，于1987年在瓦尔帕莱索公开焚书。[26]

1986年，《一个海难幸存者的故事》英文版出版，讲述了路易斯·亚历杭德罗·贝拉斯科的生存经历；1987年，《米格尔在智利的地下行动》英文版问世；翌年，小说《霍乱时期的爱情》在美国发行。1989年，加西亚·马尔克斯出版了小说《迷宫中的将军》，这是对西蒙·玻利瓦尔生命最后8个月的非凡再现（从1830年5月8日他离开波哥大，到1830年12月17日在哥伦比亚海岸的圣玛尔塔去世）。加西亚·马尔克斯对拉丁美洲最著名的人物西蒙·玻利瓦尔产生了浓厚的兴趣，这要归功于他的外祖父。外祖父的家在阿拉卡塔卡，他在家里的壁炉架上挂了一幅玻利瓦尔的肖像。小说的基本情节在历史上是真实存在的，正如我们在小说中看到的：西蒙·玻利瓦尔确实于1830年5月8日离开波哥大，于12月17日去世；他与来自基多的美丽女子曼努埃拉·萨恩斯有过一段风流韵事，她嫁给了一个英国人；他的贴身侍卫的确是何塞·帕拉西奥斯。小说详细地追踪了他沿着马格达莱纳河的旅程，细致到途中停留的各个地点。小说甚至连他的鞋码都描述得很准确，还说他双手灵巧，擅长跳舞，吃得很讲究。1986年夏天，阿尔弗雷多·布莱斯·埃切尼克与加西亚·马尔克斯一起住在古巴的礼宾别墅。加西亚·马尔克斯创作《迷宫中的将军》时，对历史细节非常重视，这给他留下了深刻印象：

> 我从不关心我在小说中叙述的这样那样的事件发生在什么时候，哪一天、哪一年甚至哪个世纪都无所谓。加博创作的关于玻利瓦尔的作品，受到卡彭铁尔[1]的影响，非常注重历史细节，这真的让我受到伤害。玻利瓦尔战斗的夜晚是否是满月呢？曼努埃拉·萨恩斯在战役前夕是否抓伤了玻利瓦尔？听着，智利人，你知道……

尽管《迷宫中的将军》非常注重历史细节，但马尔克斯在历史事件的基础上还添加了大量小说性的内容，从而呈现出一个全新的玻利瓦尔形象，一个并非得胜而是对独立运动在19世纪20年代末走向深感失望的人物。

玻利瓦尔生命的最后8个月，也是最缺乏相关文献记录的8个月，这给了马尔克斯一个机会，可以在已知的基础上深入探究未知的内容（比如更深入地探究西蒙·玻利瓦尔行为动力所在）。对加西亚·马尔克斯小说的忠实读者而言，他们非常熟悉玻利瓦尔与贴身侍卫及其他人的对话模式。以小说开始不

---

① 阿莱霍·卡彭铁尔（Alejo Carpentier），古巴著名的小说家、散文家、文学评论家。

久玻利瓦尔与管家的对话为例：

> “1830 年 5 月 8 日，今天是英国人杀死贞德的日子”，管家宣布，“从凌晨 3 点开始，一直在下雨。”
>
> “从 17 世纪凌晨 3 点开始。”将军说道，他一夜无眠，声音仍然带着苦闷。[27]

玻利瓦尔与管家的对话是否发生在 1830 年 5 月 8 日，无法得到证实，同时也没有证据证明其并未发生。当然，玻利瓦尔使用这样的词语的可能性极小，这些词语更像是 20 世纪下半叶存在主义作家（如贝克特、萨特和加缪）的风格，而非 19 世纪 20 年代的语境。从《枯枝败叶》开始，加西亚·马尔克斯一直将天气作为人类被物质世界所困的象征，而在这段对话中，同样的思想也得以体现。玻利瓦尔感觉拉丁美洲正面临着政治上的困境，不是从当天凌晨 3 点开始的，而至少可以追溯到 17 世纪——这个世纪，正是西班牙开始在新大陆积极扩张势力并建立殖民地的时期。

还有其他例子说明加西亚·马尔克斯将玻利瓦尔的困境巧妙地转化为普通人能够理解的困境，与他早期小说中一些角色所面临的困境相似，包括《没有人给他写信的上校》中的上校和《一桩事先张扬的凶杀案》中的圣地亚哥·纳萨尔。其中最典型的例子出现在描述玻利瓦尔的场景中，他和周围的人一样，渐渐地意识到即将到来的死亡的必然性，因此心生寒意。

比如，英国外交官在玻利瓦尔的送别会上评论“这看起来像一场葬礼”，还有一位妇女在他离开波哥大时对他说“上帝与你同在，幽灵”。这些细节表明玻利瓦尔和圣地亚哥·纳萨尔一样注定命运悲惨，同时也揭示了加西亚·马尔克斯对素材的巧妙运用，注入个性鲜明的马尔克斯式风格，将历史融入胸怀，赋予历史生命力。

同样，对于那些历史记录中说法不一的地方，加西亚·马尔克斯以此为契机，做出自己的解读，把历史塑造成符合自己理论的形式。有传言称，西蒙·玻利瓦尔的家族有非洲血统，虽然这在新格拉纳达地区的家庭中并不罕见，但这个说法备受争议。有些事实表明这个传言可能有可信之处，最重要的是，玻利瓦尔家曾试图在西班牙证明他的家族血统，因为他提交过申请，要求承认他的贵族身份，后来申请遭到拒绝，这显然引起了他的家族的极大不满。[28] 如果我们看看当时绘制的各种肖像画（那时还没有摄影技术），绝大多数都可以看出他有着白人拉美混血的外貌，虽然有几幅画中其发型为卷发，但这是少数情况。[29] 然而，加西亚·马尔克斯还是选择将玻利瓦尔描绘成加勒比地区的人。我们在小说中初次见到他时，他刚从浴缸里出来，有着一头“粗糙的加勒比卷发”。他在安第斯山脉的波哥大感到不自在，说：“这不是我的舞台。”随后的文本强调，正是玻利瓦尔的加勒比秉性才导致他不适应：“他的声音带金属质感，由于发烧而有些嘶哑，经过多年的游历和战争磨难，也没能让他的加勒比口音变得柔和。与安第斯山脉人的丰富用语相比，他的口音听起来更加刺耳。”以理性角度来看，从这段文字以及接下来玻利瓦尔离开波哥大的尴尬、谨慎的描写中，我们可以发现一种自传色彩。众所周知，加西亚·马尔克斯在自传中暗示，他在波哥大一直感到不自在，无法忍受那里的阴郁，其中的势利观念也深深令他厌恶。[30]

马尔克斯有时使用动物作为象征手段来强调故事的潜在含义。[31] 比如勤务兵找到瘦弱的流浪狗，然后清洗干净：

> 他们已经给狗洗过澡，还用婴儿粉给它擦香，但无法接受它那放荡不羁的外表和皮癣的气味。将军正在船尾呼吸新鲜空气，这时，何塞·帕拉西奥斯把那只狗拉过去。
>
> “我们给它取个什么名儿呢？”他问道。
>
> 将军甚至都不用思考，说：“玻利瓦尔。”

就像《没有人给他写信的上校》中那样，公鸡象征着上校死去的儿子的奋斗目标以及人民对美好未来的希望，甚至可能也象征着革命。这里的狗象征着拉丁美洲最著名的人物的消亡，他未老先衰，被环境打败，因盟友背叛而悲惨地死亡。小说中精妙的用语虽然基于悖论（或者说正是因为如此），却完美地概括了人物的真实处境。当何塞·帕拉西奥斯指着一排排的寡妇给玻利瓦尔看时，他的话反映了自己具有讽刺意味的下场：“现在我们是孤儿，是伤兵，是被独立所遗弃的流浪汉。”玻利瓦尔已经成为自己伟大事业的孤儿。

有时候，加西亚·马尔克斯会将历史进行戏剧化处理来建立讽刺性的场景。下面这个片段就是这样：一天晚上，除了玻利瓦尔和伊图尔比德在讨论独立战争，其他人都休息了。事实上，在1830年，阿古斯丁·德·伊图尔比德不可能是玻利瓦尔的随从，因为他那时已经去世了，但马尔克斯将他写进小说，作为玻利瓦尔下场的象征，因为他也经历了类似玻利瓦尔的命运逆转。他在墨西哥英勇地对抗西班牙人，于1821年成功结束了独立战争，并在1822年加冕为皇帝，但随后于1823年被迫退位，经历了短暂的流亡后，于1824年被处决。伊图尔比德说："我是个流亡者。"[32]玻利瓦尔补充道："我们这里的所有人都是流亡者。"随后，他简要地概括了独立所蕴含的悲剧性讽刺意味："该死的问题是，我们不再是西班牙人，四处漂泊，在不同的国家游走，而这些国家一直在更换国名、发生政变，我们根本不知道自己从哪里来。"加西亚·马尔克斯小说提及伊图尔比德，却不闭口不提何塞·德·圣马丁，这让人感到奇怪。而圣马丁的出现会更符合加西亚·马尔克斯小说创作的意图。1822年7月26日，玻利瓦尔和圣马丁举行了著名的瓜亚基尔会议，历史学家对此事件的推测不胜枚举。[33]对于对历史事件之谜感兴趣的作家而言，这会是理想的素材，而加西亚·马尔克斯并不在意历史之谜，他更喜欢探索自己的谜题。

无法确定自己从哪里来的感觉，随后转化为更深层次的质疑本体的不安全感。因此，当死神来临时，玻利瓦尔脑海中逐渐涌现出不合时宜、有着20世纪存在主义气息的半信半疑，以至于他开始怀疑自己的身份。例如，威尔逊观察到没有多少人能认出他时，玻利瓦尔直截了当地解释道：“我已不再是我自己了。”看到一艘写着“解放者”字样的汽船时，玻利瓦尔说道：“想想看，我竟是那个解放者！”在一次会谈时，蒙蒂利亚表示誓死效忠玻利瓦尔，而玻利瓦尔却打断他说：“我并不存在。”加西亚·马尔克斯还利用多幅受委托制作的玻利瓦尔肖像，突出小说的主题——身份的不确定性。马尔克斯首先描述了由何塞·马利亚·埃斯皮诺萨（José María Espinosa）绘制的一幅油画肖像。

> 9月的暗杀未遂事件发生前不久，新格拉纳达画家何塞·马利亚·埃斯皮诺萨在圣菲·波哥大总督府为他画了肖像。这幅肖像与他自己的形象相差甚远，他忍不住要和当时的秘书桑塔纳将军聊起此事：“你知道这幅肖像看起来像谁吗？”
>
> 他说：“像奥拉亚，来自拉梅萨的那个老头。”

这段对话是虚构的，但肖像画是真实的。甚至小说中玻利瓦尔对画像的评论也非常恰当，因为埃斯皮诺萨的风格就是这样，他笔下的解放者继承了从西班牙统治美洲初期延续下来的总督的样子。[34] 当时玻利瓦尔的画像数不胜数，小说接下来继续以有趣的方式描述不同肖像中玻利瓦尔相貌的民族色彩：

> 最早的肖像是一幅在马德里绘制的匿名微缩画，当时他16岁。32岁时，他在海地又让人绘制了另一幅肖像，两幅画都忠实地展现了他的年龄和加勒比人的相貌特征。他有一点非洲血统，因为他的曾曾祖父与一女奴育有一子。这种血统清晰地体现在他的面貌特征上，所以利马的贵族们称他为“桑博”。但随着他声名鹊起，画家们开始将他理想化，淡化他的血统并神化他，直到在代表官方记忆的雕塑中，固定采用罗马特征的侧面。然而，埃斯皮诺萨画的肖像与他本人非常相似，真实地画出了他45岁时因患病而憔悴不堪的模样，而他对自己的疾病讳莫如深，甚至自欺欺人，直至临终前夕。

加西亚·马尔克斯所指的与“与他本人非常相似”的肖像是一幅铅笔写生画，绘于玻利瓦尔逝世前一年，现藏于卡拉卡斯的阿尔弗雷多·博尔顿博物馆。在这幅画中，玻利瓦尔看起来体态消瘦、神态悲伤。[35]或许更重要的是观察加西亚·马尔克斯如何突出玻利瓦尔身上加勒比人的特征。创作于19世纪前20年的许多肖像中，他的肤色各不相同。小说的叙事者声称，作于海地的两幅石版画忠实地表现了他的加勒比和非洲血统，这也许是正确的。从未有证据明确证明玻利瓦尔有非洲血统，而且我们在更多的肖像中可以看出他是西班牙裔，这也是事实。但加西亚·马尔克斯希望强调玻利瓦尔的加勒比出身，从而让他更接近自己，也更接近菲德尔·卡斯特罗。

将军身上确实有一点儿马尔克斯的影子。玻利瓦尔在晚宴上批评法国人时，他说“不要试图让我们在20年内做好你们在2000年都没做好的事情”；更尖锐的是，“见鬼，让我们安安静静地过我们的中世纪吧！”这与加西亚·马尔克斯在1982年诺贝尔奖致辞中的观点不谋而合。而加西亚·马尔克斯笔下的玻利瓦尔也有一些菲德尔·卡斯特罗的影子。尽管现实中玻利瓦尔的情人曼努埃拉·萨恩斯并没有担任秘书职务，但在小说里却是“将军任命她为档案馆馆长，以便随时能与她相见，这样就能随时随地做爱”。这在某种程度上让人联想起菲德尔·卡斯特罗与塞莉亚·桑切斯（Celia Sanchez）的关系。好几年间，她既是卡斯特罗的秘书，也是他的情人，这一点加西亚·马尔克斯肯定知道。乌维尔·马托斯（Huber Matos）回忆说：“她是个好人，宽宏大量，非常热衷于社会正义……我到那里时，显然，她与卡斯特罗睡在一起。她既是他的秘书，也是他的情人。卡斯特罗告诉我，她很有用。”[36]

就像巴尔扎克的《人间喜剧》一样，加西亚·马尔克斯的小说世界也呈现出一系列相互交织的画布，我们可以在大的故事框架中找到线索。这些线索会在以后的作品中逐渐显现出更加广泛的意义。例如，在《迷宫中的将军》中，我们得知一只疯狗咬伤了许多人，包括一名误闯到奴隶区的年轻白人女性，最后这只疯狗被捕杀、吊起来：

> 那天早上，一只疯狗咬了好几个不同年龄的人，其中

包括一名来自卡斯铁尔的白人女性，她一直在她不该去的地方闲逛。一些住在奴隶区的孩子设法用石头把狗打死了。狗的尸体被挂在学校门口的一棵树上。蒙蒂利亚将军让人把狗烧掉，不仅是出于卫生的考虑，还为了防止人们用非洲巫术驱除狗的邪恶力量。

这正是谢尔瓦·玛丽亚的故事，她是一位年轻的西班牙裔拉美女人，被一只疯狗咬伤。在《爱情和其他魔鬼》一书中，我们可以详细了解这个故事。1990 年，《迷宫中的将军》在美国出版，但该书并未受到业界好评，更不用说成为畅销书了。《纽约时报》的书评代表了当时的普遍观点：

玻利瓦尔生平的历史事实并没有激发作者的想象力，反而似乎束缚了加西亚·马尔克斯先生令人敬畏的才能，让这本书显得刻意俗气。书中频繁出现解释性段落，用来总结玻利瓦尔的抱负和成就，至少对北美读者来说，该书涉及不出名的战斗和政治运动，看起来冗长且混乱，偏离了主题。[37]

1992 年，短篇小说集《梦中的欢快葬礼和十二个异乡故事》在马德里出版；次年，英文译本在美国出版。马尔克斯把他过去 12 年里创作的短篇小说都汇集在这个故事集中。[38] 整本书的主题是拉丁美洲人在欧洲遇到的奇闻逸事。马尔克斯在前言中告诉读者，20 世纪 70 年代初，他在巴塞罗那住了 5 年，这个主题就是出自当时的一个梦。他在梦中出席了自己的葬礼，出人意料的是，这场葬礼是相当欢乐的，因为他能和多年未见的朋友们聚在一起。朋友离开时，他想跟他们一起走，但却被告知他是唯一不能离开的人。这个梦本来打算成为书中第三个故事的素材，最终没有实现——这非常遗憾，因为这个梦生动地表达了加西亚 · 马尔克斯作品的一个核心主题，即自我异化，很难想象还有什么场景比出席自己的葬礼更能体现自我异化。的确，加西亚 · 马尔克斯用这种自我异化的意象来表达一个拉丁美洲人在欧洲意味着什么。这意味着拉丁美洲人不可思议地在欧洲看到一个死去的自己。这个场景在加西亚 · 马尔克斯早期的作品中多次出现——早在《第三次无可奈何》中就已显露——但是身处欧洲，这种困境的轮廓可以用更鲜明的色彩描绘。

离奇感在不同的故事中会以不同的方式呈现。例如，《圣女》（*La santa*）讲述了一个奇幻的故事。一个美丽的女孩在 7 岁时去世，人们发现她的尸体不仅没有腐烂，而且没有重量。显然，该故事的部分素材来源于加西亚 · 马尔克斯 20 世纪 50 年代在罗马电影实验中心的经历。塞萨扎 · 瓦帝尼（Cesare Zavattini）曾在其中客串过，但他认为把这拍成电影行不通，因为没有人会相信这个故事。所有的故事都包含着难以解决的谜团，就像《享乐的玛丽亚》（*Maria dos Prazeres*）一样，故事的结尾留下一个问题：故事之外还会发生什么？死亡、性还是爱情？故事本身无法给出答案，因为答案超出了叙事的范围。[39]《雪地上的血迹》（*El rastro de tu sangre en la nieve*）讲述了内娜·达孔特和毕利·桑切斯·德·阿维拉的爱情故事，他们在马尔贝利亚相遇、坠入爱河并结为夫妻。故事开头他们正前往巴黎度蜜月，内娜割伤了戴着结婚戒指的手指，伤口却不能愈合，她在旅途中勉强忍受着，但考虑到自己已有两个月的身孕，一到巴黎就马上住院治疗。由于医院有规定，毕利多日未能探望内娜，等他终于获准前去探望时，发现内娜已经去世，而他却错过了葬礼。杰拉德·马丁的说法很有说服力，他认为这个奇怪且不真实的故事是加博在20世纪50年代与塔奇亚在巴黎的恋情的隐晦虚构，这段恋情以悲剧和流产告终。[40]小说集的点睛之作是《总统先生，一路顺风》（*Bon Voyage Mr. President*）。故事聚焦于一位救护车司机和一位流亡总统神奇的邂逅。两人都来自加勒比地区，故事发生时都住在瑞士。救护车司机本来想骗取总统的钱财，但情节出乎意料地在政治上出现了一个奇怪的转折，最终他对总统抱有同情心，甚至还支付了总统的医疗费用。人道主义的同情心最终战胜并超越了一切政治偏见。

注 释

1 “他是位大臣，但我们不知道是哪个国家的”，这是菲德尔·卡斯特罗提到加西亚·马尔克斯时说的一句话。见西尔维亚·加尔维斯，《加西亚·马尔克斯家族》，第53页。

2 艾勒克·博埃默（Elleke Boehmer），《殖民与后殖民文学：迁移的隐喻》（*Colonial and Post Colonial Literature: Migrant Metaphors*, Oxford, 2005），第235页。

3 让-彼埃尔·杜瑞斯（Jean-Pierre Durix），《模仿、体裁与后殖民话语：解构魔幻现实主义》（*Mimesis, Genres and Post-Colonial Discourse: Deconstructing Magic Realism*, London, 1998），第187页。

4 霍米·巴巴（Homi Bhabha），《国家与叙述》（*Nation and Narration*, London, 1995），第1—7页。

5 巴尔加斯·略萨，《加西亚·马尔克斯：弑神者的历史》，第84页。

6 同上书，第83页。

7 2007年12月5日，加西亚·马尔克斯在哈瓦那接受多洛雷斯·卡尔维诺的采访时表示，他深切地意识到作为拉丁美洲唯一一位健在的诺贝尔奖作家，他需要保持自己的声誉，因此他试图严格控制媒体对自己的报道，不愿轻易接受采访；马尔克斯也清楚地知道，自己发表的任何作品都将以他早期作品的高标准来评判；他曾多次因为自己的名气而感到“压抑”。

8 西尔维亚·加尔维斯，《马尔克斯家族》，第67页。

9 加西亚·马尔克斯的弟弟海梅认为，不是家庭成员从加博那里获得灵感，恰恰相反：“（加博）从我们家庭谈话和氛围中汲取养分，那是他作品的最重要的源泉。”西尔维亚·加尔维斯，《马尔克斯家族》，第32页。

10 马尔利斯·西蒙斯（Marlise Simons），《他生命中最美好的时光：采访加夫列尔·加西亚·马尔克斯》（*The Best Years of His Life: An Interview with Gabriel García Márquez*），载《纽约时报书评》（1988

年 4 月 10 日），第 22—24 页。

11《霍乱时期的爱情》（*Love in the Time of Cholera*, London, 1991），伊迪丝 · 格罗斯曼译，第 339—340 页。

12 加西亚 · 马尔克斯，《活着为了讲述》，第 59 页。

13《我在理智上是无神论者，但在心底里是天主教徒》（*Yo soy racionalmente ateo, pero católico en el corazón*），载西尔维亚 · 加尔维斯，《马尔克斯家族》，第 21—58 页。

14 托马斯 · 法伊（Thomas Fahy），《加夫列尔 · 加西亚 · 马尔克斯的〈霍乱时期的爱情〉》（*Gabriel García Márquez's 'Love in the Time of Cholera'*, London, 2003），第 42—48 页。

15 有关鹦鹉在小说中的角色讨论，见让 · 佛朗科（Jean Franco），《乌尔比诺医生的鹦鹉》（*Dr Urbino's Parrot*），载《加夫列尔 · 加西亚 · 马尔克斯的〈霍乱时期的爱情〉》（*Gabriel García Márquez's 'Love in the Time of Cholera'*, Philadelphia, 2005），哈罗德 · 布鲁姆编，第 99—112 页。

16 西尔维亚 · 加尔维斯，《马尔克斯家族》，第 44 页。

17 海梅的原话为“Llorones inservibles”，见西尔维亚 · 加尔维斯，《马尔克斯家族》，第 56 页。

18 2009 年 7 月 15 日，菲德尔 · 卡斯特罗与胡里奥 · 加西亚 · 埃斯皮诺萨在哈瓦那新贝达多的谈话。

19 关于菲德尔 · 卡斯特罗最喜欢的饮食，见曼努埃尔 · 巴斯克斯 · 蒙塔尔万（Manuel Vάzquez Montalbán），《上帝来到了哈瓦那》（*Y Dios entró en La Habana*, Madrid, 1998），第 254 页。“马孔多风味龙虾”的食谱，见吉尔伯托 · 史密斯，《龙虾之王：大师吉尔伯托 · 史密斯的创作》（*Rey langosta: creaciones del maestro Gilberto Smith*, Havana, 2000），第 18—19 页。

20 霍利 · 埃列特（Holly Aylett）组织并拍摄了这次哥伦比亚的采访，还执导了关于加西亚 · 马尔克斯的纪录片。

21 加西亚 · 马尔克斯，《如何讲故事：加夫列尔 · 加西亚 · 马尔克斯的剧本工作坊》(*Cómo se cuenta un cuento: taller de guión de Gabriel García Márquez*, San Antonio de los Baños, 1996)。感谢弗拉基米尔·史密斯(Vladimir Smith)借给我这本书。另外，根据这次研讨会制作的光碟《加西亚·马尔克斯，如何讲故事》(*García Márquez, Cómo se cuenta un cuento*)，由路易斯·加夫列尔·冈萨雷斯·N.(Luis Gabriel González N.)朗读。

22 第44届卡塔赫纳国际电影节于2004年2月27日至3月5日举行。

23《达摩克里斯的灾变》(*El cataclismo de Damocles*, Bogotá, 1986)，第13页。

24《米格尔·利丁在智利的秘密冒险：加夫列尔·加西亚·马尔克斯的故事》(*La aventura de Miguel Littín clandestino en Chile: un reportaje de Gabriel García Márquez*, Buenos Aires, 1986)，第28页。

25 雷斯特雷波·桑切斯，《加夫列尔·加西亚·马尔克斯和电影》，第79页。

26 安赫尔·埃斯特万，斯蒂芬妮·帕尼切利，《加博和菲德尔：友谊的风景》，第101页。

27 此段西班牙语原文如下：“‘Sábado ocho de mayo del año de treinta, día en que los ingleses flecharon a Juana de Arco,’ anunció el mayordomo. ‘Está lloviendo desde las tres de la madrugada.’‘Desde las tres de la madrugada del siglo diecisiete’, dijo el general con la voz todavía perturbada por el aliento acre del insomnio.” 见《迷宫中的将军》(*El general en su laberinto*, Barcelona, 1998)，第10页。《迷宫中的将军》英译版(*The General in his Labyrinth*, New York, 2004)第一句话是：“Saturday, May 8,1830, the Day of the Blessed Virgin, Mediatrix of all Grace。”此处的英文翻译并不准确，没有提到英国人不公正地对待圣女贞德(法国民族英雄)，从而漏掉了小说中的一个关键主题——玻利瓦尔对欧洲(包括英格兰)的痴迷。因此，玻利瓦尔对英国外交官说了一句相当奇怪的评论：“我希望今年秋天海德公园的雾不要太浓。”(I hope there is not much fog this

autumn in Hyde Park.）

28 史蒂芬·哈特，《血、墨与普罗蒂斯：以普罗蒂斯类比西蒙·玻利瓦尔》（*Blood, Ink and Proteus: Simón Bolívar as Proteus*）。

29 对比何塞·吉尔·德·卡斯特罗（José Gil de Castro）的《西蒙·玻利瓦尔在利马》（*Portrait of Simón Bolívar in Lima*）和杜波依斯（Dubois）的《这是你们的解放者》（*Here is Your Liberator*）。见《现代拉丁美洲艺术：1820—1980》（*Art in Latin America: The Modern Era*, 1820-1980, London, 1989），多恩·埃蒂斯（Dawn Ades）编，第 20 页、第 17 页。另见史蒂芬·哈特，《血、墨与普罗蒂斯》，第 341—347 页。

30 加西亚·马尔克斯，《活着为了讲述》，第 183—184 页。

31 巴勃罗·卡拉斯科萨·米格尔（Pablo Carrascosa Miguel）指出动物形象在小说中的作用，见《〈迷宫中的将军〉：加夫列尔·加西亚·马尔克斯》（*'El general en su laberinto': G. García Márquez*, Barcelona, 1989），第 72 页。

32 西班牙语原文是"soy un desterrado"，见《迷宫中的将军》原文版，第 190 页。

33 正如托马斯·E. 斯基德摩尔（Thomas E. Skidmore）和彼得·H. 史密斯（Peter H. Smith）在《现代拉丁美洲》（*Modern Latin America*, Oxford, 1992）中所言，"那里发生的一切从未得到过确切的证实"。

34 参阅何塞·马利亚·埃斯皮诺萨，《玻利瓦尔：解放者的画像》（*Bolívar: Portrait of the Liberator*），载《现代拉丁美洲艺术》，第 18 页。

35 同上书，第 21 页。

36 克里斯廷·图梅（Christine Toomey），《菲德尔·卡斯特罗的生活与情人》（*The life and loves of Fidel Castro*），载《星期日泰晤士报》（2008 年 12 月 28 日），第 13—17 页。

37《时代书籍：英雄散文背后的人性》（*Books of the Times; The Human Behind the Heroic Pose*），载《纽约时报》（1990 年 9 月 11 日）。

38《序言：为什么是十二个，为什么是故事，为什么是朝圣者》（*Prólogo: porqué doce, porqué cuentos y porqué peregrinos*），《梦中的欢快葬礼和十二个异乡故事》（*Doce cuentos peregrinos*, Bogotá, 1992），第 13—14 页。

39 奥尔加 · 西格艾萨 · 庞塞（Olga Sigüenza Ponce）认为，整部作品的主题是死亡、孤独、缺乏沟通和爱情。见杰苏斯 · 洪贝托 · 弗洛伦西亚 · 萨尔迪瓦尔（Jesús Humberto Florencia Zaldívar），路易斯 · 金塔纳 · 特赫拉（Luis Quintana Tejera）和奥尔加 · 西格艾萨 · 庞塞，《加夫列尔 · 加西亚 · 马尔克斯作品框架内的三种分析视角》（*Tres perspectivas de análisis en el marco de la obra de Gabriel García Márquez*, Mexico City, 2002），第 101—165 页。

40 杰拉德 · 马丁，《加西亚 · 马尔克斯传》，第 213—214 页。

第七章

“第三个教皇”

1994 年，加西亚 · 马尔克斯出版了《爱情和其他魔鬼》。这是一部让人震撼的小说，汲取自哥伦比亚丰富的民间故事宝库，尤其是书中奴隶讲述的故事，突显了幻想、情感世界和黑人身世之间的紧密联系。小说在结构上比马尔克斯早期的一些作品更传统。[1] 它讲述了一个名叫谢尔娃 · 玛丽亚的年轻女孩的故事，大家认为她被恶魔附身了，把她关押在圣克拉拉修道院，神父卡耶塔诺 · 德劳拉在主教的指示下为她检查和驱魔。文中引发的怀疑是，教会（成员均为白人、西班牙裔拉丁美洲人和种族主义者）所理解的魔鬼仅仅是谢尔娃 · 玛丽亚对非洲宗教的认识。非洲宗教的魔力集中在她的项链上，她不让任何人将它取下来。当项链被强行从她身上拿走时，那人不慎滑倒并摔破了头。谢尔娃 · 玛丽亚不仅是黑人，正如她的名字所示，她还与被成群结队带到哥伦比亚（特别是带到卡塔赫纳）的奴隶有关。故事始于一位现代记者的慨叹，这显然是年轻时的加西亚 · 马尔克斯的投射。谢尔娃 · 玛丽亚也象征着魔幻现实主义，因为她的头发从未剪过，长达 20 米。这部小说围绕着一系列对立展开，包括白人与黑人、主人与奴隶、男性与女性、理性与迷信，以及真实与魔法。粗鲁的谢尔娃·玛丽亚（她咬人、吐口水、打架、从不洗澡）与在萨拉曼卡大学接受过教育的神父德劳拉截然不同。然而，这个故事却是讲神父如何逐渐爱上谢尔娃·玛丽亚并彻底被她迷住的。

从某种意义上说，可以将《爱情和其他魔鬼》作为殖民地化的戏剧再现。小说揭示了加西亚·马尔克斯魔幻现实主义风格灵感的来源是哥伦比亚的非洲遗产，体现为谢尔娃·玛丽亚和她的特征。她很神奇，主教的助手不顾一切地爱上了她；她是非洲人，会说多种非洲语言；她迷信，会拼命保护她的项链（项链被盗后，小偷死了）；她是一个奴隶，被主教监禁；她与想象力完全融为一体（多年前，她梦见萨拉曼卡白雪皑皑的田野，卡耶塔诺·德劳拉曾在那里接受神职培训，而这也是他的梦境）；她与活力密切相关，即使死后，她的眼睛也"炯炯有神"，皮肤看起来像新生婴儿一样。谢尔娃·玛丽亚征服死亡的能力体现在她剃光的头上会重新长出头发，"头发像气泡一样突突地冒"，这说明小说以魔幻现实主义的方式结束。事实上，快速生长的头发在视觉上也与"一串金黄色的葡萄，她刚吃完葡萄就又长出来"联系在一起。

这部小说还融入了《霍乱时期的爱情》中的一段情节，探索了疾病和爱情之间的关系：人们不知道谢尔娃·玛丽亚是患有狂犬病还是为爱情神魂颠倒（虽然从种种证据客观分析，她确实患了病，因为有人看到她被一只灰色毛发的疯狗咬伤，这只狗咬伤的其他四个人全部死亡），另一种可能是她因佩戴着非洲护身符而免受疾病的侵扰。许多人认为她是一个魔鬼，典狱长称她为“恶魔的野兽”。人们认为她会隐身，主教决定给她驱魔，但事实是，她深深地爱上了卡耶塔诺。当他抚摸她时，她身上就会散发出“一阵海风”，他们兴奋地为对方朗读加尔西拉索（Garcilaso）的爱情诗歌。

加西亚·马尔克斯一直是喜欢尝试不同文体的人，他写过一部戏剧——《对坐在地上的男人的爱的谩骂》（*Diatriba de amor contra un hombre sentado*）。该剧在1987年11月完成，于1994年3月23日在哥伦比亚波哥大的国家大剧院上演，是第四届伊比利亚美洲戏剧节的一部分。主演是洛拉·加西亚（Laura García），同时她也是剧中唯一的角色。剧中洛拉扮演的主人公娜塔莉亚在银婚纪念日那天，不停地抨击着丈夫，而他却没有回应（根据舞台说明，他是一个“假人”）。娜塔莉亚哀叹，他们的爱随着岁月的流逝变得冷淡。娜塔莉亚的独白语言敏捷、表达细致、充满激情，明显不同于加西亚·马尔克斯生硬的对话风格。

加西亚·马尔克斯也从未远离政治。20世纪90年代，马尔克斯和卡洛斯·富恩特斯采访了当时的比尔·克林顿总统——后来加西亚·马尔克斯又采访了一次克林顿总统——他们讨论的其中一个问题是对古巴的封锁。加西亚·马尔克斯记得比尔·克林顿没有明确反对封锁政策，他更担心解除封锁会造成内部政治问题，危及自己即将到来的连任选举。[2]

1996 年，加西亚 · 马尔克斯出版了《一起连环绑架案的新闻》（*Noticia de un secuestro*）。该书在讲述故事的同时，也展示了人们是如何向他人讲述故事的。小说延续了大约 40 年前，他在《一个海难幸存者的故事》中开始使用的新新闻主义调查风格，讲述了 20 世纪 90 年代初哥伦比亚毒枭巴勃罗 · 埃斯科瓦尔的手下劫持人质的戏剧性故事。和马尔克斯早期的叙述风格一样，《一起连环绑架案的新闻》经过精心研究，包括对许多人的口头采访、主角玛露哈 · 帕琼的书面陈述，以及对政治、媒体内幕进行的广泛研究。但主要基于主人公玛露哈 · 帕琼的经历，她在波哥大北部的一个安全屋里被关押了 193 天。所以，这本书以她被绑架开始，以她获释结束。此外，小说还在中心叙事外穿插了许多其他故事。其中包括帕丘 · 桑托斯（埃斯科瓦尔为了确保他自首后不会被引渡到美国，用释放人质做谈判的筹码，帕丘 · 桑托斯因此与玛露哈同时获释），还有贝阿特利丝 · 比亚米萨尔 · 德 · 盖莱罗（与玛露哈一起被捕，但提前获释）、玛丽娜 · 蒙托亚（被绑架者谋杀）和迪安娜 · 图尔巴伊（在一次精英团拙劣的解救行动中丧生）的故事。

这部小说分开讲述各个故事，巧妙地成功再现了人质和他们亲属的不安。因此，当一天晚上玛丽娜被带走后，据说是去了另一个农场，玛露哈和贝阿特利丝并不知道等待她的是什么，因为电视机和收音机也被带走了。这种有所保留的信息让读者有着同样的体验：第五章以一个神秘的音符结束，只有翻到第六章读到“第二天黎明，星期四，24 日，玛丽娜 · 蒙托亚的尸体被发现……”，读者才发现真相。玛丽娜死亡的恐怖程度被她在实际死亡之前所经历的奇怪死亡幻象所加强，这些幻象由其他人质描述（一个穿着黑色衣服的男人在洗衣房看着她，但只有她能看见这个人）。在贝阿特利丝被带走后，小说也巧妙地通过同样的事件来营造紧张气氛：“打开同一扇门，相同的用语可能意味着死亡，也可能意味着自由，她的命运同样是个谜。”读者对即将发生的事情一无所知，直到人质被释放的那一刻，因此，哪怕在玛露哈和帕丘获释的前一刻，读者都不相信他们会获得自由。加西亚 · 马尔克斯尽量避免长篇大论，而是倾向于叙述者和读者一样知之甚少的叙述风格。《一起连环绑架案的新闻》成功地将群体中的个人困境与政治圈幕后的谈判相结合，同时还利用媒体来影响舆论并向人质传递暗号，始终以增强事件的戏剧性为目标，无论这些事件发生在政治、个人还是宗教领域。

1998 年 1 月，教皇约翰 · 保罗二世访问古巴。菲德尔 · 卡斯特罗摆脱了其在革命初期的反宗教观念（卡斯特罗因在革命中禁止庆祝圣诞节而闻名），对天主教表现出更多的和解姿态。他曾与解放神学派的巴西神学家弗雷 · 贝托（Frei Betto）进行了长时间的讨论，他们的对话于 1995 年出版。[3] 这本书中经常出现的一个主题是，如果基督活在今天，他会想创造一个像古巴一样的社会。20 世纪 90 年代末，卡斯特罗甚至开始允许国民庆祝圣诞节。因此，教皇约翰 · 保罗二世 1998 年 1 月

21日至25日对古巴的访问是一个历史性事件，这不仅是菲德尔·卡斯特罗掌权以来第一次欢迎教皇访问古巴，也是教皇在历史上第一次访问这个岛国。在教皇访问期间，卡斯特罗邀请加西亚·马尔克斯作为他私人的客人访问古巴，这一举动表明卡斯特罗和加博之间的友谊非常深厚。事实上，他们的关系的确非常密切，欢迎完教皇后，菲德尔·卡斯特罗立即去了礼宾别墅看望加博和梅塞德斯。[4]1月25日，教皇在哈瓦那革命广场举行了一次有数千人参加的特别弥撒，加西亚·马尔克斯坐在前排，紧挨着菲德尔·卡斯特罗。当西班牙作家曼努埃尔·巴斯克斯·蒙塔尔万看见加西亚·马尔克斯和菲德尔同坐在约翰·保罗二世前面后，他突然觉得这位哥伦比亚作家就像“第三个教皇”。[5]

事实上，这些年来，“第三个教皇”一直都会把手稿寄给菲德尔，看他能否发现什么错误。《一个海难幸存者的故事》寄给菲德尔后，菲德尔指出如果以书中的速度行驶，船不可能在那个时候到达目的地。他还指出，《一桩事先张扬的凶杀案》中对猎枪的描述有误，这些错误都在出版前得到了更正。[6]同样，菲德尔在读《爱情和其他魔鬼》的手稿时，建议加西亚·马尔克斯将一个人骑的马的年龄稍微增加几岁，因为11个月大的马只是一匹小驹。于是，加西亚·马尔克斯将马的年龄改为了100岁。[7]秘鲁小说家布莱斯·埃切尼克也敏锐地察觉到了他们的友谊：

如果说在古巴有人可以当着菲德尔·卡斯特罗的面批评古巴，那个人只能是加博了。而且，这位非凡的作家可以看穿一切，他也是个性情温和的人，他一直被视为卡斯特罗的忠实支持者，在我写这篇文章的时候仍是如此。我相信加博过去生活在古巴，是因为那里可以让他安心，让他安心工作，平静地做出决定，当他想要独处时可以隔绝世俗。正如英国人所说，加勒比海一直是他最喜欢的一杯茶。[8]

加西亚·马尔克斯曾表示同意胡里奥·科塔萨尔（Julio Cortázar）的格言：“没有比迫使一位作家代表自己的国家更致命的事了。”无论如何，正如曼努埃尔·巴斯克斯·蒙塔尔万所说的那样，马尔克斯仍然代表着哥伦比亚，并在一定程度上代表着古巴和菲德尔·卡斯特罗。[9]《时代报》主编恩里克·桑托斯·卡尔德隆（Enrique Santos Calderón）曾经谈到加西亚·马尔克斯在哥伦比亚的声望：“在一个已经走下坡路的国家，加博象征着民族自豪感。”[10]

1998年，加西亚·马尔克斯决定尝试做一名出版商。11月25日，马尔克斯、梅塞德斯和一些记者收购了哥伦比亚文化和政治杂志《变化》，该杂志在20世纪90年代末发行量连续下降。为了收购《变化》，加西亚·马尔克斯动用了他在瑞士银行存放了16年的诺贝尔奖奖金，正如他对乔恩·李·安德森所说：“我发誓这是真的，我把那笔钱忘记了。”[11] 1999年1月下旬，他在波哥大举行了一个派对来庆祝该杂志的重生，邀请了 2000 名客人参加。加西亚 · 马尔克斯将这次收购作为新闻生涯的回归，他在活动启动仪式上告诉记者："新闻是我唯一喜欢的行业，我一直认为自己是一名记者。"但在荣获诺贝尔奖后，情况发生了变化。"没有人会雇用我，因为费用太高了。所以现在我自己付钱发表。"[12]他开始在《变化》上发表文章，其中有一篇文章特别具有爆炸性。他在文章中为比尔 · 克林顿与莫妮卡 · 莱温斯基（Monica Lewinsky）的婚外情辩护："总统只是想做一些普通男人自开天辟地以来就背着妻子做的事情，但清教徒的愚蠢不仅阻止了他这样做，甚至剥夺了他否认的权利。撒谎欺骗他人是一回事，而为了维护私人生活隐瞒真相则是另外一回事。"[13]他的推理激怒了全世界的女权主义者。

不管是因为加西亚 · 马尔克斯的名气（有人称之为点石成金），还是因为其文章的争议性，该杂志的收入发生了变化。第一个月杂志销量翻了一番，达到 6000 多份，发行量上升到 4.5 万份。加西亚 · 马尔克斯说，《变化》正在寻找一个新的生存空间，一个避免"独家新闻综合征"的市场，追求"文学风格的新闻报道"。读者真正想要的是记者"讲述一个故事，身临其境般回到事件发生的时间，了解事情的真相"。[14]加西亚 · 马尔克斯这些话让人想起《一桩事先张扬的凶杀案》。他在启动仪式上一直待到午夜，然后回到办公室写了一篇关于委内瑞拉新总统乌戈 · 查韦斯（Hugo Chávez）的文章。他赶在太阳升起前完成了这篇文章，就在截止日期之前。"我已经 40 年

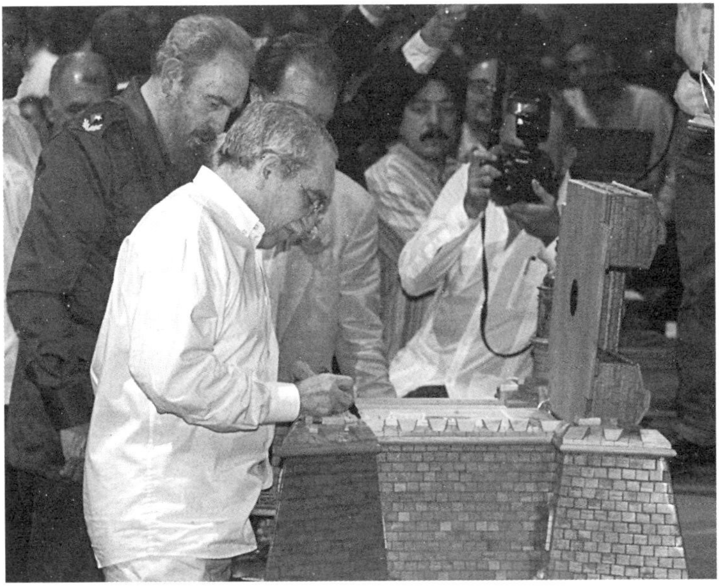

菲德尔·卡斯特罗与加西亚·马尔克斯在古巴雪茄节闭幕晚宴上。拍摄于哈瓦那，2000 年 3 月 4 日

没有这样做了，真是太棒了。”他说道，声音中带着喜悦。[15]

然后，灾难降临了。1999 年 6 月，加西亚 · 马尔克斯因疲劳住院。他决定咨询其他专家的意见，并于同年 9 月前往儿子罗德里戈居住的洛杉矶。在那里，马尔克斯被诊断出患有淋巴癌，随后不久，他的病情被泄露。一封标题为《加夫列尔 · 加西亚 · 马尔克斯的告别信》（*Farewell Letter from Gabriel García Márquez*）的恶作剧信件在互联网上流传开来，其开头如下所示：

> 哥伦比亚著名作家、诺贝尔文学奖获得者加夫列尔 · 加西亚 · 马尔克斯因健康原因退出公共生活。他患上了晚期癌症并给朋友们写了一封告别信。
>
> “如果上帝哪怕只有一瞬间忘记了我，并赐予我更多的生命，我会尽我所能好好利用它。我可能不会说出脑海中的一切，但我会更加慎重地思考我所说的每一句话。我会赋予事物价值，不仅是因为事物的价值所在，还有它们所承载的寓意……”

这是一封相当伤感的信，信的结尾写道：

> 让所爱之人待在你身边，对他们坦诚你有多么需要和爱他们。爱他们，善待他们；慢慢跟他们说“对不起”“原谅我”“请”“谢谢”，以及你知道的所有充满爱意的话语。

没有人会知道你的秘密思绪，向上帝祈求智慧和力量来表达这些思绪，向你的朋友和爱人展示他们对你的重要性。把这封信寄给你所爱的人，如果你今天不这样做，明天将会如同昨天。如果你从来没这样做过，也没关系，现在就去行动。

献给你，带着深深的爱。你的朋友，加夫列尔·加西亚·马尔克斯。

起初，一些人对这封信深信不疑，直到发现它实际上是墨西哥喜剧演员约翰尼·韦尔奇（Johnny Welch）写的。加西亚·马尔克斯在随后的一次采访中评论道：“真正让我感到羞耻的是，真的有人相信是我写了这样一封自命不凡的信。”[16] 自那以后，加西亚·马尔克斯一直在与癌症做斗争，以示对这封信的反驳，令人惊讶的是，仍然有很多人相信这封信是马尔克斯写的。

总体上，加西亚·马尔克斯是支持古巴政权的，尤其是支持菲德尔·卡斯特罗，这么多年来他从未动摇过。他为卡斯特罗就1991年苏联解体而创作的《明天太迟了》（*Mañana será demasiado tarde*）写了一个暖心的个人序言。序言中描绘了两人之间的深厚友谊，还讲到两个人都有怯场的苦恼。卡斯特罗曾邀请加博参加古巴的官方活动，当时他在信中写道：“试着像我在很多场合做的那样，克服你的怯场症。”加西亚·马尔克斯也注意到，“他经常会使用‘我们’来指代自己的行为，这看起来有点‘自我夸大’，其实，这是一种诗意的表达，旨在掩盖他的羞怯。”2000年3月15日，加西亚·马尔克斯在坎比奥写了一篇关于小男孩埃连·冈萨雷斯的文章。这个小男孩引发了一场古巴和美国之间的政治拉锯战。1999年11月22日，古巴人胡安·米格尔·冈萨雷斯发现他的前妻伊丽莎白·布罗顿绑架了他们的儿子埃连，并带着他逃到了迈阿密。菲德尔·卡斯特罗将其转化为一场反对美国的宣传战，加西亚·马尔克斯效仿菲德尔的口吻，批评埃连的母亲以及迈阿密的大家庭，因为他们使出浑身解数想让埃连留在美国。[17]这篇文章于2000年3月29日用英文发表在《纽约时报》上，是一篇小杰作，以新新闻主义的风格讲述了这个故事，延续了《一个海难幸存者的故事》中的叙述模式，让我们进入了父母争夺孩子的拉锯战中，结尾处也保留了政治冲击：

> 迈阿密似乎没有人关心埃连正遭受的文化根除对他心理健康造成的伤害。12月6日，在他受困迈阿密的6岁生日派对上，主办者拍了一张他戴着战斗头盔、被武器包围并裹在美国国旗里的照片。就在不久之后，密歇根州一个和他同龄的男孩枪杀了一名同学。换句话说，埃连真正遇难不是发生在海洋上，而是在他踏上美国土地的时候。

加西亚·马尔克斯的党派偏见遭到巴尔加斯·略萨的抨击。[18]在写到菲德尔·卡斯特罗的宣传运动是“冷酷的犬儒主义”时，略萨指出：“（卡斯特罗）操纵埃连案，让人们在好几个月的时间里只谈这个烈士男孩，不谈古巴人民所处的苦难般的独裁统治和灾难性的经济困境。”

尽管遭到巴尔加斯·略萨的批评，加西亚·马尔克斯的知名度在新千年里仍然不断提高。2000 年，一本食谱书在哈瓦那出版，描述了如何制作马孔多风味的龙虾，这从侧面说明了马尔克斯的名气有多大。这本书的作者是厨师吉尔伯托·史密斯，加西亚·马尔克斯作为菲德尔·卡斯特罗的特邀嘉宾时，他经常为马尔克斯准备饭菜。[19] 古巴电影学院的联合创始人、马尔克斯的密友胡里奥·加西亚·埃斯皮诺萨告诉我，每当加西亚·马尔克斯来到哈瓦那，他总是喜欢去一家至少有三人乐队演奏的餐馆，加西亚·马尔克斯是一位出色的歌手，他特别喜欢唱巴耶那多（vallenatos）风格的歌。[20] 尽管加西亚·马尔克斯的名气与日俱增，但他的手稿在拍卖市场的表现却不尽如人意。2001 年，由马尔克斯提供给路易斯·阿尔科利萨（Luis Alcoriza）和珍妮特·里森菲尔德（Janet Riesenfeld）的 180 页《百年孤独》的校样，在巴塞罗那的佳士得拍卖，其中还包含作者的手写校正，但这次拍卖手稿并未售出。[21] 2002 年 11 月 20 日，佳士得再次在伦敦拍卖校样，拍品编号为 106，拍卖编号为 642，由于没有达到 30 万英镑的底价而退出拍卖。

受到死亡意识的驱使，加西亚·马尔克斯决定完成他已经进行了多年的项目，也就是他的自传《活着为了讲述》。这本书最终于 2002 年 10 月在墨西哥城出版，第二年于美国出版了英文版。这本自传是一部非同寻常的作品，它更像是虚构作品，并且已经成为加西亚·马尔克斯最受欢迎的作品之一。对一些读者来说，这本书的主要问题除了文学性之外，还有它的结尾。进行多达500多页的精心创作后，在1955年加西亚·马尔克斯即将前往欧洲执行他的新闻任务时戛然而止。有些人——比如里卡多·巴达——认为《活着为了讲述》是一种自我夸耀式的练习，因为它读起来更像一部小说，而不是对个人生活事件的客观描述。还有一些人——比如埃弗兰·克里斯托——认为这部自传的小说特质恰恰是一种优势。[22]事实上，在《活着为了讲述》中，事实与虚构的分界线并不明确，很难确定哪些事件是源于真实的经历，哪些是虚构的部分。可以确定的是，自传的虚构成分和小说的真实成分不相上下，也就是说，在加西亚·马尔克斯的文学体系中，现实、虚构、历史和自传之间没有显著的区别。事实上，马尔克斯有意解构了传统观念上的自传，没有采用第一人称按照时间顺序客观叙述自己经历的一系列事件。《活着为了讲述》避开了时间顺序，以自己年轻时和母亲一起从巴兰基亚出发，前往阿拉卡塔卡卖掉家里的房子为开端。马尔克斯以回程中遇到的人作为线索，重构了这些人的过去，一一讲述这些人与他的生活的关系（即采用了倒叙手法）；还通过频繁地展现小说中的事件如何在现实中发生的，刻意强调虚构与生活之间的联系。例如，在火车旅行中，他回忆起年轻时对马孔多这个名字的印象，以及他在《百年孤独》中运用了围绕这个名字产生的联想。和母亲一起从车站走向阿拉卡塔卡镇，让他想起了短篇小说《礼拜二午睡时刻》中的事件顺序。该小说描述了一名妇女带着女儿来到镇上，给去世的儿子献上鲜花。她的儿子是个小偷，因试图闯入马尔克斯姑姑家的房子被枪杀。“我觉得自己就像那个小偷。”马尔克斯自言自语道[23]，他的自传中的自己过着小说人物般的生活。同样重要的是，他提到自己当时正在读福克纳《八月之光》的西班牙语译本。[24] 所有这些细节，以及前面提到的对他父母的爱情的描述，都给自传的叙述赋予了一种不可简化的文学之感。

加西亚·马尔克斯自传的文学性，不仅揭示了这位哥伦比亚小说家是不折不扣的小说家，而且让我们注意到加西亚·马尔克斯的写作体系中没有任何关于经验、历史或客观事实的原点。我们如果提出一种常识性的观点，认为现实首先是客观的、经验性的描述，然后才表现为文学文本，那么就要认识到，加西亚·马尔克斯的写作体系中并没有区分经验性描述和文学表达。这对我们如何看待加西亚·马尔克斯的写作体系具有更广泛的意义。因此，对他作品批评的一个核心就是他的描述在多大程度上“夸大”了现实。有一个典型的例子，关于1928年联合水果公司在西安纳加镇压香蕉种植园工人的描述，那天究竟有多少工人被杀害？是3个还是《百年孤独》中描述的3000个？加西亚·马尔克斯解释了这个问题：“我把死亡人数定为3000个，是为了保证这场戏剧史诗般事件的规模。”[25] 但这并没有让一个渴望事实的批评家满意。强调事件的影响，意味着 3000 人比 3 人更符合这一事件的影响力。他暗示曾有位政府官员为 3000 名遇难工人默哀了 1 分钟，这意味着他在事件的描述上赢得了胜利。[26] 加西亚 · 马尔克斯并不是试图蒙蔽读者的眼睛，只是他的写作体系中没有经验、历史或客观事实的基础。在这一点上，他的自传如小说般虚构，他的小说如自传般真实，这一事实对加西亚 · 马尔克斯创造魔幻现实主义小说具有更广泛的意义。他的小说消解了现实、经验性叙述和文学描述之间的差异，因此真实的也是文学的（即魔幻的），而魔幻的（即文学的）也是真实的。鉴于这是加西亚 · 马尔克斯运用的如此娴熟的公式，那么当他书写自己的真实生活时，继续使用这个方法也许并不奇怪。2007 年 12 月，当我在哈瓦那新拉美电影基金会见到加西亚 · 马尔克斯时，我问他是否打算出版自传的剩余部分，他说有这个打算，但这是一项缓慢的工作。

2004 年，小说《苦妓回忆录》的出版（英文译本一年后出版）让加西亚 · 马尔克斯的读者有些惊讶。鉴于马尔克斯的回忆录第一卷两年前才出版，并迅速成为他最受欢迎的作品之一，读者自然认为下一步是出版第二卷。与笨重的回忆录第一卷相比，《苦妓回忆录》明显轻薄些。它讲述了一个老人在 90 岁生日那天，决定在当地妓院的老鸨罗莎 · 卡瓦尔卡斯的服务下，购买和青春期处女的激情之夜，然而，渐渐地，老人爱上了罗莎提供给他的年轻妓女黛尔加迪娜。小说的叙述者与作者马尔克斯有一些共同点，比如都是一名记者，叙述者的父母和加西亚·马尔克斯的外祖父母很像，“他是一个被宠坏的孩子。母亲有许多天赋，50 岁时死于肺结核。他还有一个严厉的父亲，父亲从未犯过错误，却在签署结束“千日战争”的《尼尔兰迪亚条约》那天，被发现死在了寡妇的床上”。他和马尔克斯的其他角色也有共同的特点：他留下了一本书，列出了他的性事记录。在这一点上，他与弗洛伦蒂诺惊人地相似。《霍乱时期的爱情》中写道：“20 岁时，我开始记录女人的姓名、年龄、地点并简要描述当时的情况和做爱方式。到 50 岁时，我至少和 514 个女人发生过性关系。”《苦妓回忆录》的许多主题都与加西亚·马尔克斯早期的作品产生了共鸣。与《霍乱时期的爱情》一样，这部小说围绕无爱的性与无性的爱之间的斗争展开；小说中的许多场景都发生在当地的妓院里，或者围绕妓女的日常生活展开（与《纯真的埃伦蒂拉》和《一桩事先张扬的凶杀案》类似）；小说十分关注生和死的问题（与《霍乱时期的爱情》和《百年孤独》类似）。然而也存在着明显的不同，加西亚·马尔克斯过去的一个显著特点是使用第三人称客观叙事，这部小说则背离了这种方式，使用第一人称讲述故事。关于这一点，《活着为了讲述》的影响可能至关重要。在许多方面，《苦妓回忆录》可以视为《霍乱时期的爱情》的一个微型副产品。因为它最后传达的信息是真爱终将赢得胜利，这表现为当叙述者怀疑黛尔加迪娜的童贞被别人夺走时，陷入了毁灭性的疯狂，以及后来他发现黛尔加迪娜也无助地爱上了自己（“那个可怜的家伙深深地爱上了你”）。

这部小说并不符合所有人的口味。劳伦·韦纳在为《华尔街日报》撰稿时写道："加西亚·马尔克斯惯有的奇思妙想，在这部小说中荡然无存，尤其当作者认为恋童癖加恋尸癖的魅力特别令人兴奋的时候。"为《卫报》撰稿的阿尔贝托·曼古埃尔认为这部小说"平淡无奇"；安德鲁·霍尔盖特对这部小说的"无启发性格言"感到失望。[27] 然而，为《泰晤士文学副刊》撰稿的亚当·费恩斯坦却持有相反的意见，他钦佩这部小说的丰富多彩。[28] 这部小说的波斯语译本于 2007 年 10 月在伊朗出版，标题是经过净化的《追忆我忧伤的情人们》①。第一次印刷的 5000 本在 3 周内售罄，当时这本书被伊朗文化部禁止，理由是它宣扬猥亵。[29] 这本书显然不如他早期的一些小说成功，主要问题与其说是主题，不如说是第一人称叙事的使用，第一人称叙事读起来不如加西亚·马尔克斯早期小说中第三人称视角真实。

2006 年夏天，阿拉卡塔卡镇镇长佩德罗·哈维尔·桑切斯·鲁埃达（Pedro Javier Sánchez Rueda）发起了一项活动，为将该镇更名为阿拉卡塔卡 – 马孔多的动议争取支持。但参加公投的选民少于所需的 7400 人（该镇有 5.3 万名选民）。2006 年 6 月 25 日下午，投票结束后不久，市长报告说，超过 90% 的选票赞成该提案，但"投票率不够高，投票结果无效"。[30] 2007 年 3 月 6 日，阿拉卡塔卡为庆祝加西亚·马尔克

① 《苦妓回忆录》原书名为 *Memorias demisputas tristes*，直译为"追忆我忧伤的婊子们"。

斯 80 岁生日举行了阅兵式、特别弥撒，并在凌晨 5 点燃放了 80 支烟花。[31] 桑切斯 · 鲁埃达在接受采访时说：“我们还在等大师的到来。”[32] 哥伦比亚文化部长埃尔维拉 · 库埃沃 · 德哈拉米略（Elvira Cuervo de Jaramillo）随后宣布，政府将斥资 50 万美元重建加博人生的前几年和外祖父母居住的房子。德哈拉米略说：“这座房子对加西亚 · 马尔克斯作品的重要性在于《百年孤独》原本的标题是《房子》。”[33] 不过，由于事先有其他安排，加西亚 · 马尔克斯未能参加当天的庆祝活动，但他在 2007 年 5 月 31 日访问了阿拉卡塔卡。

> 周三，一列被称为“马孔多黄色列车”的老式火车轰隆隆地驶过海岸边的棚户区，穿过作家所说的“香蕉区的神秘地带”，然后在阿拉卡塔卡停了下来。成千上万的人在沿途高喊着“加博，加博，加博”，他们高举着巨幅海报。海报上是这位特立独行作家的笑脸，笑脸上还戴着大大的眼镜。他们抛撒五彩纸片，燃放烟花，放飞黄色气球。铜管乐队激昂地演奏，娇小的女学生装扮成蝴蝶进行表演。“看看这些人，他们说是我发明了马孔多。”加西亚 · 马尔克斯说着，不禁流下了眼泪。[34]

最终到达阿拉卡塔卡时，加西亚 · 马尔克斯一开始很得意，就像政客在竞选列车上一样，他和他的崇拜者签名、合影、握手。即使烈日当空，湿热难耐，他们也在外面等待他的到来。[35]

但当他到达阿拉卡塔卡的房子外面时，他无法从车上走下来，首先是因为那里有太多的人，其次是因为复杂的感情。“他站了起来，然后就哭了起来。因为他在这里度过了一生中最美好的时光。”[36]

根据最初的计划，在政府正式宣布后不久，房子的重建就开始了。加西亚·马尔克斯的妹妹艾姐监督了重建工作。故居的各种房间——加比托睡觉的房间、外祖父招待朋友的房间（女人不准进入）、外祖父做金属制品的银匠工作间、厨房、餐厅、客房——都在2009年春天重建完毕。按照计划，那个年代的家具将摆进各个房间里，为故居剪彩做好准备。不过，阿拉卡塔卡故居的官方向导鲁维埃拉·雷耶斯怀疑加西亚·马尔克斯是否能够参观故居并在周围走动，因为这所故居会唤起他非常强烈的情感；兄弟姐妹中，只有妹妹玛格丽特与加博一起在故居生活过，她最近参观故居时哭得很厉害，以至于身体感到不适。[37]

12月，在古巴国际电影节举办期间，加西亚·马尔克斯仍然会为国际影视学院的学生上研讨课。研讨会的主题是“如何讲故事”，每年授课的形式大致一样。学生们构思自己的故事，加西亚·马尔克斯会为他们提供建议，告诉他们如何把这些故事写成小说、短篇故事或电影剧本。故事的形式并不重要，因为研讨内容是围绕叙述展开的。YouTube上有一个视频记录了2006年12月的剧本创作研讨会的内容，我们从中可以了解加西亚·马尔克斯为学生们提供的建议。马尔克斯在国际影视学

加西亚·马尔克斯访问阿拉卡塔卡时在火车上挥手致意。拍摄于 2007 年 5 月 31 日

院授课时，胡里奥·加西亚·埃斯皮诺萨的妻子多洛雷斯·卡尔维诺对马尔克斯说，他现在似乎对拍摄小说的电影版如此感兴趣，而奇怪的是过去他总是坚决反对这样做。加西亚·马尔克斯告诉她，他对拉丁美洲过去拍摄的一些电影版本感到失望，因此对欧洲版本更感兴趣。不过，马尔克斯想法的改变并不适用于《百年孤独》，他在遗嘱中明确要求，这部作品在他有生之年不允许被拍成电影。

2007年3月，西班牙语言学院在卡塔赫纳举办了几场活动，庆祝《百年孤独》出版40周年，以及加西亚·马尔克斯80岁生日。马尔克斯的作品在一年一度的卡塔赫纳国际电影节（2007年3月2日至9日）上进行了放映，其中包括《寡妇蒙蒂尔》（1979年米格尔·利丁导演）、《我心爱的玛利亚》（*María de mi corazón*，1979年海梅·埃尔莫西罗导演）、《美丽的爱鸽人故事》（*Fábula de la bella palomera*，1988年鲁伊·古雷拉导演）、《大限难逃》（*Tiempo de morir*，1966年奥图罗·利普斯坦导演）、《没有人给他写信的上校》（1999年奥图罗·利普斯坦导演）、《公园来信》（*Cartas del parque*，1988年托马斯·古铁雷兹·阿莱导演）和《俄狄浦斯市长》（*Edipo Alcalde*，1996年豪尔赫·阿里·特里亚那导演）。虽然几位导演及费尔南多·比里、米格尔·利丁、豪尔赫·阿里·特里亚那都到场了，但作为嘉宾的马尔克斯却没有出现。

2007年3月中旬，美洲新闻协会第63届年会在卡塔赫纳举行，毫无疑问的是因为两位嘉宾——微软的创始人、世界首富比尔·盖茨，以及美国前总统比尔·克林顿——会参加会议，加西亚·马尔克斯决定出席。3月19日，当他出现在午餐会上时，现场人山人海，人们纷纷涌向前来：

> 这位不愿公开露面的诺贝尔奖得主抵达会场时，世界首富比尔·盖茨正要离开会场。但这位作家显然希望他有微软创始人那样的安保措施，以抵御过分热心的崇拜者……在活动中，当他和记者朋友在一个大帐篷里吃饭时，人们简直把他当成了博物馆的展品。几十个人与站岗的警察推搡着，要和他合影并拿书让他签名。[38]

他真希望自己原来的保镖唐·切佩（Don Chepe）就在这里。唐·切佩曾是哥伦比亚革命武装力量的一名成员，20世纪90年代曾是马尔克斯的保镖和司机。[39] 众所周知，加西亚·马尔克斯厌恶采访，但一位年轻的采访者还是想碰碰运气：

> “为卡拉科尔电台说几句话怎么样？”他说着，把麦克风推到这位80岁的作家面前。“如果我接受了你的采访，我就必须接受每个人的采访。”作家回答道。后来他注意到记者的表情有些沮丧，于是态度缓和下来，又说：“我爱你，年轻人。”午饭后，留着小胡子的作家慢悠悠地走向一辆越野旅行车，车里的朋友在等着他，他看起来精疲力尽。上车前，他举起双手说：“我再也受不了了。我要去

墨西哥！我要去墨西哥！”[40]

2007年3月26日，卡塔赫纳会议中心举行了特别活动庆祝《百年孤独》纪念版的出版。根据弗兰克·巴亚克（Frank Bajak）的报道，参加仪式的除了作者本人，还有三位哥伦比亚前总统——安德烈斯·帕斯特拉纳（Andrés Pastrana）、塞萨尔·加维里亚（César Gaviria）和埃内斯托·桑佩尔（Ernesto Samper）——以及时任总统阿尔瓦罗·乌里韦·贝莱斯（Álvaro Uribe Vélez）[41]、乌拉圭前总统胡里奥·玛丽亚·桑吉内蒂（Julio María Sanguinetti）、巴拿马总统马丁·托里霍斯（Martín Torrijos）、比尔·克林顿、墨西哥最著名的作家卡洛斯·富恩特斯、阿根廷最著名的作家托马斯·埃洛伊·马丁内斯、西班牙国王胡安·卡洛斯（Juan Carlos）和王后多尼亚·索菲亚（Doña Sofía），最后但最重要的是加西亚·马尔克斯的妻子梅塞德斯。[42]正如弗兰克·巴亚克报道的那样："当他走进卡塔赫纳会议中心的礼堂时，1200名观众起立鼓掌，掌声雷鸣。这位本月刚过了80岁生日的作家身穿白色西装，蓄着大胡子。他像职业拳击手一样将双手放在头顶。"[43]许多人进行了致辞，包括国王和把小说纪念版赠送给马尔克斯的加西亚·德拉孔查（García de la Concha），但最令人期待的还是加西亚·马尔克斯的演讲。杰拉德·马丁回忆说："梅塞德斯望着她的丈夫，严肃中带着焦急，祈祷着这个经历过无数挑战的人也能渡过这次难关。"[44]根据弗兰克·巴亚克报道：

加西亚·马尔克斯和比尔·克林顿在卡塔赫纳。拍摄于2007年3月

加西亚·马尔克斯。拍摄于2008年12月，哈瓦那

在这13分钟的演讲中，他讲述了在完成这部小说的18个月里（小说在1967年出版），他的妻子梅塞德斯不得不典当珠宝来支付房租，并为两个儿子做饭……

“我只知道，从17岁到今天早上，我每天早早起床，坐在键盘前写满一张白纸或填满空白的屏幕，唯一的任务就是写出一个前所未见的故事，让一个不存在的读者获得快乐……一想到会有100万人阅读我在孤寂的房间里用28个字母和两根手指写出来的东西，我就觉得这太疯狂了。”[45]

豪华版《百年孤独》获得了热烈的赞扬：

“我认为他是自威廉·福克纳去世以来最重要的小说作家。”克林顿先生说道，他回忆自己在法学院读《百年孤独》时，对这本书爱不释手，即使是在课堂上也是如此。同为作家的卡洛斯·富恩特斯和托马斯·埃洛伊·马丁内斯，也称赞加西亚·马尔克斯为近5亿人使用的西班牙语注入了新的活力。[46]

2007年夏天，加西亚·马尔克斯去了古巴，住在礼宾别墅。[47]别墅后的花园里有一个大游泳池，他本想畅游一番，却惊讶地发现池底竟有一只巨大的鳄鱼。他的一个画家邻居，也就是亚历克西斯·莱拉（Alexis Leyra），养了这只鳄鱼作为宠

加西亚·马尔克斯在古巴新拉美电影基金会签名售书。拍摄于 2007 年 12 月

物（以及其他一些动物，如母鸡、小鸡和孔雀）。鳄鱼趁加西亚·马尔克斯不在的时候，溜进了他的游泳池凉快。[48] 真是神奇而真实的一刻。

2007 年 12 月，应导演阿尔基米娅·培尼亚的邀请，马尔克斯将“如何写故事”的研讨会定在新拉美电影基金会进行。通常情况下，该研讨会只为国际影视学院的高年级学生开设。这次授课相较于往常比较仓促。起初，加西亚·马尔克斯打电话和他的密友说，他患了流感无法参加，但后来他竟然奇迹般飞到了哈瓦那，并直接赶到新拉美电影基金会现场。国际影视学校三年级的学生正在等待着大师到来，按照惯例，每个学生都会被介绍给加西亚·马尔克斯，然后各自就座。研讨会开始前，加西亚·马尔克斯谈到他对《霍乱时期的爱情》被国际媒体（尤其是哥伦比亚媒体）拍成电影非常不满。加西亚·马尔克斯并没有密切参与这部电影的拍摄，但在 2006 年 12 月，他会见了一个艺术团队的助手，名叫胡安·巴勃罗·布斯塔曼特的年轻人，并对布斯塔曼特从哥伦比亚带到古巴的电影样片印象深刻。正如布斯塔曼特回忆的那样，电影的拍摄可谓不惜一切代价：“卡塔赫纳成为一个巨大的电影取景地。”[49] 尽管 2007 年迈克·纽厄尔导演的《霍乱时期的爱情》反响不佳（《卫报》评论称其为“无聊透顶的中庸品位”），[50]但其可取之处在于对卡塔赫纳的氛围描绘。加西亚·马尔克斯已对影片有所期待，他不会英语，很可能他只是被这部电影的视觉效果所打动，因此错误地认为影片会取得成功。

2008年12月，普利尼奥·阿普莱约·门多萨宣布加西亚·马尔克斯正在写一部新的小说，小说将会是一个爱情故事。阿普莱约谈道："马尔克斯有四个版本。他告诉我，他现在正努力从每一个版本中获取最好的内容。"[51]然而，2009年4月，加西亚·马尔克斯的出版商卡门·巴尔塞勒斯（Carmen Balcells）表示，她不再期待加西亚·马尔克斯的新小说问世，因此人们对马尔克斯即将出版新小说的希望落空了。她告诉智利《第三日报》的记者："我认为加西亚·马尔克斯不会再写其他作品了。"他的传记作者杰拉德·马丁也表示赞同："我也认为加博不会再写书了，但我并不觉得遗憾，因为作为一名作家，他能在自然生命结束之前的许多年拥有完全连贯的文学生涯，这已经足够让人感到无比满足。"[52]加西亚·马尔克斯还有许多未发表的手稿，有些是小说草稿，而且没过多久，他就反驳了这些言论。根据伊丽莎白·纳什的报道，马尔克斯"愤怒地否认了他再也不会写作的报道，这在出版界掀起了轩然大波"。[53]加西亚·马尔克斯接着说："这不仅是假的，而且事实是我除了写作什么也不会做……我是一名作家，不是出版商。但只有我自己知道，我在烤箱里烤的蛋糕什么时候可以开吃。"[54]加西亚·马尔克斯在2007年12月告诉我，他正在写自传的第二卷，这很可能是全世界的读者最热切期待的书。①他1996年的小说《一起连环绑架案的新闻》正被改编成电影，巴

① 令人遗憾的是，加西亚·马尔克斯于2014年4月在墨西哥城逝世，我们最终没能见到他的新作品出版。

勃罗·佩德罗·伊瓦拉（Pablo Pedro Ibarra）执导，爱德华多·克斯坦蒂尼（Eduardo Costantini）制作，墨西哥女演员萨尔玛·海耶克（Salma Hayek）可能会担任这部电影的主角。

注 释

1 达格玛 · 波洛兹（Dagmar Ploetz）,《加夫列尔 · 加西亚 · 马尔克斯》（*Gabriel García Márquez,* Madrid, 2004）, 第 158—161 页。

2 曼努埃尔 · 巴斯克斯 · 蒙塔尔万,《上帝来到了哈瓦那》, 第 51—52 页。

3 弗雷 · 贝托,《菲德尔 · 卡斯特罗与宗教：与弗雷 · 贝托的对话》（*Fidel Castro y la religión: conversaciones con Frei Betto*, Mexico City, 1986）。

4 曼努埃尔 · 巴斯克斯 · 蒙塔尔万,《上帝来到了哈瓦那》, 第 560 页。

5 同上书，第 567 页。

6 安赫尔 · 埃斯特万，斯蒂芬妮 · 帕尼切利,《加博和菲德尔：友谊的风景》, 217 页。

7 同上书，第 219 页。

8 加博曾经告诉记者"古巴是唯一能让我回归自我的地方"，见贝尔纳 · 马尔克斯（Bernard Marqués）的文章《加西亚 · 马尔克斯，一个作品的过去和现在》（*García Márquez, pasado y presente de una obra*）。

9 曼努埃尔 · 巴斯克斯 · 蒙塔尔万,《上帝来到了哈瓦那》, 第 560 页。

10 乔恩 · 李 · 安德森,《加博的力量》。

11 同上。

12 拉里 · 罗赫特（Larry Rohter）,《波哥大纪事：加西亚 · 马尔克斯拥抱旧爱（新闻！）》[*Bogotá Journals: García Márquez Embraces Old Love (That's News!)*]，载《纽约时报》（1999 年 1 月 27 日）。

13 同上。

14 同上。

15 同上。

16 劳尔 · 特雷霍 · 德拉贝（Raúl Trejo Delarbe）,《网络新闻，新新闻，旧困境》（*Ciberperiodismo, nuevo periodismo, viejos dilemas*）。

17 安赫尔·埃斯特万，斯蒂芬妮·帕尼切利，《加博和菲德尔：友谊的风景》，第 295 页。

18 同上书，第 306—309 页。

19《龙虾之王：大师吉尔伯托·史密斯的创作》第 17 页记录了马孔多风味龙虾的做法，食谱如下：“2 只龙虾，适量胡椒盐，4—5 瓣蒜，4 个柠檬榨汁，240 毫升植物油，1 棵香菜，1 个中等大小的洋葱，2 个绿灯笼椒，1/4 茶匙红辣椒粉，240 克煮软的米饭，100 克牛油，60 毫升朗姆酒，60 毫升白葡萄酒，少许塔巴斯科辣酱、伍斯特酱，200 克帕尔玛奶酪碎（可不加）。清洗龙虾后，将它们纵向切成两半，用胡椒盐、蒜末、柠檬汁和少许植物油腌制。将大蒜、香菜、洋葱、灯笼椒切碎做配菜，并加一点油和辣椒粉调味。分出半份配菜与米饭混合在一起备用。将龙虾肉切成小块，用黄油和菜油煎至收缩后，先加入朗姆酒使锅内燃起火焰，然后倒入白葡萄酒熄灭火焰。锅里加入剩下的配菜，搅拌均匀，根据口味加入辣椒粉、塔巴斯科辣酱油和伍斯特酱。如果需要，可以在上面撒上帕尔玛奶酪碎，裹面包屑烤制。最后趁热上菜。”吉尔伯托·史密斯曾担任菲德尔·卡斯特罗的私人厨师多年，2006 年 7 月我去拜访他，他为我准备了一道美味的马孔多风味龙虾，他提到卡斯特罗和加博在一起时总是很放松。

20 2007 年 12 月在古巴哈瓦那采访胡里奥·加西亚·埃斯皮诺萨。

21 康拉多·苏尔瓦加，《加西亚·马尔克斯：无法克制的叙述癖》，第 125 页。

22 里卡多·巴达（Ricardo Bada），《小说中的虚构》（*La ficción de la ficción*），载《西班牙拉丁美洲杂志》（2003 年 3 月），第 122—126 页。埃弗兰·克里斯托（Efraín Kristal），《加夫列尔·加西亚·马尔克〈活着为了讲述〉中的黄金时代教训》（*Lessons from the Golden Age in Gabriel García Márquez's Living to Tell the Tale*），载《魔幻现实主义研究指南》（*A Companion to Magical Realism*），第 88—97 页。

23 加西亚·马尔克斯，《活着为了讲述》，第 23 页。

24 同上书，第 16 页。

25 同上书，第 63 页。

26 见本书第四章中关于创造性错误记忆在现实与虚构之间发挥媒介作用，并对两者相互影响的探讨。

27 劳伦 · 韦纳（Lauren Weiner），《爱上雏妓》（*In Love With a Child Prostitute*），载《华尔街日报》（2005 年 10 月 29 日）；阿尔贝托 · 曼古埃尔（Alberto Manguel），《悲哀的恋情》（*A sad affair*），载《卫报》（2005 年 11 月 12 日）；安德鲁 · 霍尔盖特（Andrew Holgate），《爱情救赎的力量》（*Love's Redemptive Powers*），载《泰晤士报》（2005 年 10 月 23 日）。

28 亚当 · 费恩斯坦（Adam Feinstein），《睡梦中的女裁缝》（*Sleeping Seamstress*），《泰晤士文学副刊》（2004 年 12 月 10 日，第 5306 期），第 23 页。

29 参见英国广播公司于 2007 年 11 月 16 日的新闻，网站如下：http://news.bbc.co.uk/2/hi/americas/7098233.stm。

30《魔幻现实主义诞生地在纳闷：名字很重要吗》（*Birthplace of "Magic Realism" Wonders What's in a Name*），载《纽约时报》（2006 年 6 月 26 日）。

31 西蒙 · 罗梅罗（Simon Romero），《香蕉热之后镇上最大的事件》（*The Town's Biggest Event Since the Banana Fever Ended*），载《纽约时报》（2007 年 3 月 7 日）。

32 同上。

33 乔舒亚 · 古德曼（Joshua Goodman），《80 岁生日这天，哥伦比亚发誓重建加西亚 · 马尔克斯故居》（*On 80th birthday, Colombia vows to rebuild García Márquez's home*），载《先驱论坛报》（2007 年 3 月 6 日）。

34 胡安 · 福雷罗（Juan Forero），《加西亚 · 马尔克斯魔幻的归家之旅》（*For García Márquez, a Magical Homecoming*），载《华盛顿邮报》（2007 年 6 月 2 日）。

35 《哥伦比亚作家加西亚·马尔克斯返乡受到热情招待》(*Colombian writer García Márquez feted in homecoming*)。

36 2009年2月26日，采访阿拉卡塔卡故居的官方向导鲁维埃拉·雷耶斯。

37 同上。

38 佚名,《哥伦比亚著名作家加西亚·马尔克斯在新闻发布会上被围观》(*Famed Colombian writer García Márquez mobbed at press gathering*)，见 www.cbc.ca/arts/books/story/2007/03/20/marquez-columbia-mob.html。

39 乔恩·李·安德森,《加博的力量》。另见《加夫列尔·加西亚·马尔克斯的能量》(*The Power of Gabriel García Márquez*)。

40 佚名,《哥伦比亚著名作家加西亚·马尔克斯在新闻发布会上被围观》。

41 杰拉德·马丁,《加西亚·马尔克斯传》，第564页。

42 弗兰克·巴亚克,《哥伦比亚以加西亚·马尔克斯为荣》(*Colombia honors García Márquez*)，见 www.cartagenainfo.net/english/García-marquez.html。

43 同上。

44 杰拉德·马丁,《加西亚·马尔克斯传》，第565—556页。

45 弗兰克·巴亚克,《哥伦比亚以加西亚·马尔克斯为荣》。

46 弗兰克·巴亚克,《加西亚·马尔克斯80岁：作家生日的赞辞》(*80 Years of García Márquez: tributes mark writer's birthday*)，载《卫报》(2007年3月28日)。有关《百年孤独》出版40周年豪华纪念版的信息，见胡安·克鲁斯,《加勒比骚乱的日子》(*Días de alboroto caribeño*)，载《时代报》(2007年3月27日)。

47 虽然礼宾别墅是菲德尔·卡斯特罗送的礼物，但加西亚·马尔克斯还是谨慎行事，找到了革命之前这座别墅的所有者。所有者已移居美国，马尔克斯从他手中买下了别墅。

48 2009年2月10日多洛雷斯·卡尔维诺的电子邮件。

49 胡安·巴勃罗·布斯塔曼特(Juan Pablo Bustamante),《〈霍乱时期的爱情〉在马孔多取景拍摄》(*El amor en los tiempos del cólera se*

filmó en Macondo)，载《古巴电影杂志》(2007 年 7 月至 9 月)，第 69—75 页。

50 皮特 · 布拉德肖 (Peter Bradshaw),《霍乱时期的爱情》(*Love in the Time of Cholera*)，载《卫报》(2008 年 3 月 21 日)。

51 贾尔斯 · 特雷姆利特 (Giles Tremlett),《魔幻与现实：朋友说加西亚 · 马尔克斯在写新小说》(*Magical and real: García Márquez is writing new novel, says friend*)，载《卫报》(2008 年 12 月 10 日)。

52 保罗 · 汉密罗斯 (Paul Hamilos),《文学巨人加夫列尔 · 加西亚 · 马尔克斯封笔》(*Gabriel García Márquez, literary giant, lays down his pen*)，载《卫报》(2009 年 4 月 2 日)。

53 伊丽莎白 · 纳什 (Elizabeth Nash),《愤怒的加西亚 · 马尔克斯否认他将封笔的传闻》(*Furious García Márquez denies he will never write again*)，载《独立报》(2009 年 4 月 8 日)。

54 同上。乔恩 · 李 · 安德森在《加博的力量》中描述加西亚 · 马尔克斯在 20 世纪 90 年代的日常生活："加博通常在早上 5 点起床，看书看到 7 点，穿好衣服，读报纸，回复电子邮件直到 10 点。10 点到下午 2 点 30 分，无论发生什么事，他都会写作。"

致　谢

感谢贾森·威尔逊，多年来我们共同探讨拉丁美洲文学的新进展；感谢胡里奥·加西亚·埃斯皮诺萨、费尔南多·比里和拉塞尔·波特与我分享他们对加博的独到见解；感谢多洛雷斯·卡尔维诺和阿尔基米娅·培尼亚，为我安排了2007年12月与加西亚·马尔克斯在哈瓦那新拉美电影基金会的会面；感谢波哥大路易斯·安赫尔·阿朗戈图书馆业务熟练的图书管理员，帮助我找到所需的档案；感谢鲁维埃拉·雷耶斯，2009年2月26日，她带我参观阿拉卡塔卡故居、教堂和电报室，并做了权威的解说，令我大开眼界。英国社会科学院为我于2009年2至3月份赴哥伦比亚的学术考察提供资助，这次考察对本书的定稿至关重要，在此深表感激；伦敦大学学院院长研究基金为图像重印提供经费，在此一并致谢。最后，感谢瑞科图书出版社维维安·康斯坦蒂诺普洛斯的宽容与耐心。

向下列提供图像来源与允许重印的机构和个人表示感谢：

波哥大路易斯·安赫尔·阿朗戈图书馆（第55、57页）；Corbis公司：第176页（贝特曼），第243页（弗雷迪·拜耳斯／路透社），第247页（塞萨尔·卡里翁 Cesar Carrion ／欧洲新闻图片社 EPA）；胡里奥·加西亚·埃斯皮诺萨：第198、202、250页；新拉美电影基金会：第47、120、153页；盖蒂图片社：第231页；史蒂芬·哈特：第8、125、248页；阿拉卡塔卡加西亚·马尔克斯故居博物馆：第4、6、22、45、90页；雷克斯特：第92页（CSU档案馆／Everett图片库），第159页（Everett图片库）；Topfoto图片馆。

“生活是人们发明出来的再美妙不过的东西了。”

——《没有人给他写信的上校》

新奇有趣

出 品 人：许　永
出版统筹：林园林
责任编辑：许宗华
特邀编辑：张春馨
封面设计：墨　非
内文设计：百　朗
印制总监：蒋　波
发行总监：田峰峥

发　　行：北京创美汇品图书有限公司
发行热线：010-59799930
投稿信箱：cmsdbj@163.com